中國古代文化常識

王力 主編

馬漢麟 等執筆

姜亮夫 葉聖陶 等審校

商務印書館

本書由後浪出版諮詢（北京）有限責任公司授權出版

中國古代文化常識

主　　編：　王　力

執　　筆：　馬漢麟 等

審　　校：　姜亮夫　葉聖陶 等

責任編輯：　吳一帆

封面設計：　趙穎珊

出　　版：　商務印書館（香港）有限公司
　　　　　　香港筲箕灣耀興道 3 號東滙廣場 8 樓
　　　　　　http://www.commercialpress.com.hk

發　　行：　香港聯合書刊物流有限公司
　　　　　　香港新界荃灣德士古道 220–248 號荃灣工業中心 16 樓

印　　刷：　中華商務彩色印刷有限公司
　　　　　　香港新界大埔汀麗路 36 號中華商務印刷大廈 14 字樓

版　　次：　2024 年 1 月第 1 版第 3 次印刷
　　　　　　©2019 商務印書館（香港）有限公司
　　　　　　ISBN 978 962 07 5836 2
　　　　　　Printed in Hong Kong

目 錄

第一章

天文

在上古時代，人們把自然看得很神秘，認為整個宇宙有一個至高無上的主宰，就是帝或上帝。在上古文獻裏，天和帝常常成為同義詞。古人又認為各種自然現象都有它的主持者，人們把它們人格化了，並賦予一定的名字，例如風師謂之飛廉，雨師謂之萍翳（屏翳。萍，⑧ ping⁴ píng；翳，⑧ ai³ yì），雲師謂之豐隆，日御謂之羲和，月御謂之望舒（這裏是舉例性質，見《廣雅‧釋天》），等等，就是這種觀念的反映。這些帶有神話色彩的名字，為古代作家所沿用，成了古典詩歌辭賦中的辭藻，這是一方面。另一方面，我國是世界上最早進入農耕生活的國家之一，農業生產要求有準確的農事季節，所以古人觀測天象非常精勤，這就促進了古代天文知識的發展。根據現有可信的史料來看，殷商時代的甲骨刻辭早就有了某些星名和日食、月食的記載，《尚書》、《詩經》、《春秋》、《左傳》、《國語》、《爾雅》等書有許多關於星宿的敍述和豐富的天象記錄，《史記》有《天官書》，《漢書》有《天文志》。我們可以說遠在漢代我國的天文知識就已經相當豐富了。

古人的天文知識也相當普及。明末清初的學者顧炎武說：

三代以上，人人皆知天文。"七月流火"，農夫之辭也。"三星在戶"，婦人之語也。"月離於畢"，戍卒之作也。"龍尾伏辰"，兒童之謠也。後世文人學士，有問之而茫然不知者矣。（見《日知錄》卷三十"天文"條。"七月流火"見《詩經・豳〈粵 ban¹ bīn〉風・七月》，"三星在戶"見《詩經・唐風・綢繆〈粵 mau⁴ móu〉》，"月離於畢"見《詩經・小雅・漸漸之石》，"龍尾伏辰"見《左傳・僖公五年》。）

　　我們現在學習古代漢語當然不是系統學習我國古代的天文學，但是了解古書中一些常見的天文基本概念，對於提高閱讀古書能力無疑是有幫助的。現在就七政、二十八宿、四象、三垣、十二次、分野等分別加以敍述。

　　古人把日月和金木水火土五星合起來稱為七政或七曜。金木水火土五星是古人實際觀測到的五個行星，它們又合起來稱為五緯。

　　金星古曰明星，又名太白，因為它光色銀白，亮度特強。《詩經》"子興視夜，明星有爛"（見《詩經・鄭風・女曰雞鳴》），"昏以為期，明星煌煌"（見《詩經・陳風・東門之楊》），都是指金星説的。金星黎明見於東方叫啟明，黃昏見於西方叫長庚，所以《詩經》説"東有啟明，西有長庚"（見《詩經・小雅・大東》）。木星古名歲星，逕稱為歲。古人認為歲星十二年繞天一周，每年行經一個特定的星空區域，並據以紀年（下文談到十二次和紀年法時還要回到這一點上來。）。水星一名辰星，火星古名熒惑，土星古名鎮星或填星。值得注意的是，先秦古籍中談到天象時所説的水並不是指行星中的水星，而是指恆星中的定星（營室，即室宿，主要是飛馬座的 α、β 兩星。），《左傳・莊公二十九年》："水昏正而栽"，就是一個例子。所説的火也並不是指星中的火星，而是指恆星中的大火（大火，即心宿，特指心宿二，即天蠍座的 α 星。《史記・天官書》所説的火，才是指火星〈熒惑〉。），《詩經》"七月流火"，就是一個例子。

　　古人觀測日月五星的運行是以恆星為背景的，這是因為古人覺得恆星相互間的位置恆久不變，可以利用它們做標誌來説明日月五星運行所到的位置。經過長期的觀測，古人先後選擇了黃道赤道附近的二十八個星宿作為"坐標"，稱為二十八宿。黃道是古人想像的太陽週年運行的軌道。地球沿着自己的軌道圍繞太陽公轉，從地球軌道不同的位置上看太陽，則太陽在天球上的投影的位置也不相同。這種視位置的移動叫作太陽的視運動，太陽週年視運動的軌跡就是黃道。這裏所說的赤道不是指地球赤道，而是天球赤道，即地球赤道在天球上的投影。星宿這個概念不是指一顆一顆的星星，而是表示鄰近的若干個星的集合。古人把比較靠近的若干個星假想地聯繫起來，給以一個特殊的名稱如畢參箕斗，等等，後世又名星官。二十八宿指的是：

東方蒼龍七宿　　角亢氐房心尾箕
北方玄武七宿　　斗牛女虛危室壁
西方白虎七宿　　奎婁胃昴畢觜參(粵sam¹ shēn)
南方朱雀七宿　　井鬼柳星張翼軫

東方蒼龍、北方玄武(龜蛇)、西方白虎、南方朱雀，這是古人把每一方的七宿聯繫起來想像成的四種動物形象，叫作四象。

以東方蒼龍為例，從角宿到箕宿看成為一條龍，角像龍角，氐房像龍身，尾宿即龍尾。再以南方朱雀為例，從井宿到軫宿看成為一隻鳥，柳為鳥嘴，星為鳥頸，張為嗉，翼為羽翮。這和外國古代把某些星座想像成為某些動物的形象（如大熊、獅子、天蠍等）很相類似。

上文說過，古人以恆星為背景來觀測日月五星的運行，而二十八宿都是恆星。了解到這一點，那麼古書上所說的"月離於畢"、"熒惑守心"、"太白食昴"這一類關於天象的話就不難懂了。（《尚書·洪範》偽孔傳："月經於箕則多風，離於畢則多雨。""熒惑守心"見《論衡·變虛》篇；"太白食昴"見鄒陽《獄中上梁王書》。）"月離於畢"意思是月亮附麗於畢宿（離，麗也）；"熒惑守心"是說火星居於心宿；"太白食昴"是說金星遮蔽住昴宿。如此而已。蘇軾在《前赤壁賦》裏寫道："少焉，月出於東山之上，徘徊於斗牛之間。"也是用的二十八宿坐標法。

二十八宿不僅是觀測日月五星位置的坐標，其中有些星宿還是古人測定歲時季節的觀測對象。例如在上古時代，人們認為初昏時參宿在正南方就是春季正月，心宿在正南方就是夏季五月，等等。這是就當時的天象說的。《夏小正》："正月初昏參中，五月初昏大火中。"

古人對於二十八宿是很熟悉的，有些星宿由於星象特殊，引人注目，成了古典詩歌描述的對象。《詩經》"維南有箕，不可以簸揚；維北有斗，不可以把（⬤jap¹ yì）酒漿"（見《詩經·小雅·大東》），這是指箕宿和斗宿説的。箕斗二宿同出現於南方天空時，箕宿在南，斗宿在北。箕宿四星聯繫起來想像成為簸箕形，斗宿六星聯繫起來想像成為古代舀酒的斗形。《詩經》"三星在天"、"三星在隅"、"三星在戶"，則是指參宿而言（此從毛傳），因為參宿有耀目的三星連成一線。至於樂府詩裏所説的"青龍對道隅"（見《隴西行》），道指黃道，青龍則指整個蒼龍七宿了。有的星宿，伴隨着動人的神話故事，成為後世作家沿用的典故。膾炙人口的牛郎織女故事不必敍述。（但是織女不是指北方玄武的女宿，而是指天琴座的 α 星；牛郎也不是指北方玄武的牛宿，而是指天鷹座的 α 星，牛郎所牽的牛才是牛宿。）二十八宿中的參心二宿的傳説也是常被後人當作典故引用的。《左傳·昭公元年》説：

　　　　昔高辛氏有二子，伯曰閼伯，季曰實沈，居
　　　於曠林，不相能也，日尋干戈，以相征討。後帝
　　　不臧，遷閼伯於商丘，主辰（主祀大火），商人是
　　　因，故辰為商星（即心宿）；遷實沈於大夏（晉陽），

主參（主祀參星），唐人是因，……故參為晉星（即參宿）。

因此後世把兄弟不和睦比喻為參辰或參商。又因為參宿居於西方，心宿居於東方，出沒兩不相見，所以後世把親朋久別不能重逢也比喻為參辰或參商。杜甫《贈衛八處士》所說的"人生不相見，動如參與商"，就是這個意思。

隨着天文知識的發展，出現了星空分區的觀念。古人以上述的角亢氐房心尾箕等二十八個星宿為主體，把黃道赤道附近的一周天按照由西向東的方向分為二十八個不等份。在這個意義上說，二十八宿就意味着二十八個不等份的星空區域了。

古代對星空的分區，除二十八宿外，還有所謂三垣，即紫微垣、太微垣、天市垣。

古人在黃河流域常見的北天上空，以北極星為標準，集合周圍其他各星，合為一區，名曰紫微垣。在紫微垣外，在星張翼軫以北的星區是太微垣；在房心尾箕斗以北的星區是天市垣，這裏不一一細說。

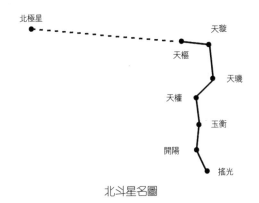

北斗星名圖

現在說一說北斗。北斗是由天樞、天璇、天璣、天權、玉衡、開陽、搖光七星組成的,古人把這七星聯繫起來想像成為古代舀酒的斗形。天樞、天璇、天璣、天權組成為斗身,古曰魁;玉衡、開陽、搖光組成為斗柄,古曰杓。北斗七星屬於大熊座。

古人很重視北斗,因為可以利用它來辨方向,定季節。把天璇、天樞連成直線並延長約五倍的距離,就可以找到北極星,而北極星是北方的標誌。北斗星在不同的季節和夜晚不同的時間,出現於天空不同的方位,人們看起來它在圍繞着北極星轉動,所以古人又根據初昏時斗柄所指的方向來決定季節:斗柄指東，天下皆春；斗柄指南，天下皆夏；斗柄指西，天下皆秋；斗柄指北，天下皆冬。

現在説到十二次。

古人為了説明日月五星的運行和節氣的變換，把黃道附近一周天按照由西向東的方向分為星紀、玄枵等十二個等份，叫作十二次。每次都有二十八宿中的某些星宿作為標誌，例如星紀有斗牛兩宿，玄枵有女虛危三宿，餘皆仿此。但是十二次是等分的，而二十八宿的廣狹不一，所以十二次各次的起訖界限不能和宿與宿的分界一致，換句話説，有些宿是跨屬於相鄰的兩個次的。下表就説明了這種情況(此表是根據《漢書・律曆志》作的，各次的名稱、寫法和順序都根據《漢書・律曆志》。)：

十二次	二十八宿
1. 星紀	斗牛女
2. 玄枵	女虛危
3. 諏訾	危室壁奎
4. 降婁	奎婁胃
5. 大梁	胃昴畢

十二次	二十八宿
6. 實沈	畢觜參井
7. 鶉首	井鬼柳
8. 鶉火	柳星張
9. 鶉尾	張翼軫
10. 壽星	軫角亢氐
11. 大火	氐房心尾
12. 析木	尾箕斗

（加有着重點的字是各次的主要星宿，這是參照《淮南子·天文訓》。）

外國古代把黃道南北各八度以內的空間叫作黃道帶，認為這是日月和行星運行所經過的處所。他們也按照由西向東的方向把黃道帶分為白羊、金牛等十二個等份，叫作黃道十二宮。其用意和我國古代的十二次相同，但起訖界限稍有差異，對照起來，大致如下表所示：

十二次	黃道十二宮
星紀	摩羯宮
玄枵	寶瓶宮

十二次	黃道十二宮
諏訾	雙魚宮
降婁	白羊宮
大梁	金牛宮
實沈	雙子宮
鶉首	巨蟹宮
鶉火	獅子宮
鶉尾	室女宮
壽星	天枰宮
大火	天蠍宮
析木	人馬宮

　　我國古代創立的十二次主要有兩種用途：第一，用來指示一年四季太陽所在的位置，以說明節氣的變換，例如說太陽在星紀中交冬至，在玄枵中交大寒，等等。第二，用來說明歲星每年運行所到的位置，並據以紀年，例如說某年"歲在星紀"，次年"歲在玄枵"，等等。這兩點，後面談到曆法時還要討論。

　　有一件事值得提一提，上述十二次的名稱大都和各自所屬的星宿有關。例如大火，這裏是次名，但在古代同時又是所屬心宿的名稱。又如鶉首、鶉火、鶉尾，其所以名鶉，顯然和南方朱雀的星象有關，南方朱雀七宿正分屬於這三次。《左傳·僖公五年》"鶉火中"，孔疏説"鶉火之次正中於南方"，又説"鶉火星者謂柳星張也"，可以為證。

下面談談分野。

《史記·天官書》説"天則有列宿，地則有州域"，可見古人是把天上的星宿和地上的州域聯繫起來看的。在春秋戰國時代，人們根據地上的區域來劃分天上的星宿，把天上的星宿分別指配於地上的州國，使它們互相對應，説某星是某國的分星，某某星宿是某某州國的分野；也有反過來説某地是某某星宿的分野的。例如《漢書·地理志》："齊地，虛危之分野也。"這種看法，便是所謂分野的觀念。

星宿的分野，一般按列國來分配，如根據《淮南子·天文訓》作的表甲；後來又按各州來分配，如根據《史記·天官書》作的表乙：

表甲	
宿	國
角亢	鄭
氐房心	宋
尾箕	燕
斗牛	越
女	吳
虛危	齊
室壁	衛
奎婁	魯
胃昴畢	魏
觜參	趙
井鬼	秦
柳星張	周
翼軫	楚

表乙	
宿	州
角亢氐	兗州
房心	豫州
尾箕	幽州
斗	江湖
牛女	揚州
虛危	青州
室壁	并州
奎婁胃	徐州
昴畢	冀州
觜參	益州
井鬼	雍州
柳星張	三河
翼軫	荊州

　　星宿的分野也有以十二次為綱，配以列國的，如根據《周禮·保章氏》鄭玄注作的表丙：

表丙					
次	國	次	國	次	國
星紀	吳越	玄枵	齊	諏訾	衞
降婁	魯	大梁	趙	實沈	晉
鶉首	秦	鶉火	周	鶉尾	楚
壽星	鄭	大火	宋	析木	燕

古人所以建立星宿的分野，主要是為了觀察所謂"機祥"的天象，以占卜地上所配州國的吉凶。例如《論衡·變虛》篇講到熒惑守心的時候説："熒惑，天罰也；心，宋分野也。禍當君。"顯而易見，這是一種迷信。但是古人對於星宿分野的具體分配既然有了一種傳統的了解，那麼古典作家作品在寫到某個地區時連帶寫到和這個地區相配的星宿，就完全可以理解了。庾信《哀江南賦》説"以鶉首而賜秦，天何為而此醉"，王勃《滕王閣序》説"星分翼軫"，李白《蜀道難》説"捫參歷井"，就是在分野的意義上提到這些星宿的。

最後應該指出的是，古人的天文知識雖然已經相當豐富，但是由於科學水平和歷史條件的限制，古代的天文學在很大程度上是和宗教迷信的占星術相聯繫的。古人對於某些異乎尋常的天象還不能作出科學的解釋，於是在崇敬天帝的思想基礎上，把天象的變化和人間的禍福聯繫起來，認為天象的變化預示着人事的吉凶。例如日食，被認為對最高統治者不利，所以《左傳‧昭公十七年》說："日有食之，天子不舉(不殺牲盛饌〈粵 zaan⁶ zhuàn〉)，伐鼓於社。"《禮記‧昏義》也說："日蝕則天子素服而修六官之職。"這是把日食看成是上天對最高統治者的警告。又如彗星(一名孛星，欃槍)的出現，被認為是兵災的凶象，所以史書上常有記載。甚至行星運行的情況也被認為是吉凶的預兆。例如歲星正常運行到某某星宿，則地上與之相配的州國就五穀昌盛，而熒惑運行到這一星宿，這個國家就要發生種種禍殃，等等。占星家還認為某某星主水旱，某某星主饑饉，某某星主疾疫，某某星主盜賊，注意它們的隱現出沒和光色的變化而加以占驗。這些就不一一敍述了。

占星無疑是迷信。占星術後來被統治階級利用，成了麻醉人民的工具，我們閱讀古書，對此應該有所了解。

第二章

曆法

古人經常觀察到的天象是太陽的出沒和月亮的盈虧，所以以晝夜交替的週期為一"日"，以月相變化的週期為一"月"（現代叫作朔〈🈳 sok³ shuò〉望月）。至於"年"的概念，最初大約是由於莊稼成熟的物候而形成的，《說文》說："年，熟穀也。"如果說禾穀成熟的週期意味着寒來暑往的週期，那就是地球繞太陽一週的時間，現代叫作太陽年。以朔望月為單位的曆法是陰曆，以太陽年為單位的曆法是陽曆。我國古代的曆法不是純陰曆，而是陰陽合曆。平年十二個月，有六個大月各三十天，六個小月各二十九天（這是因為月相變化的週期在二十九到三十天之間，現代測得是 29.53 日。），全年總共 354 天。但是這個日數少於一個太陽年。《尚書·堯典》說："期三百有六旬有六日"，實際上四季循環的週期約為 365 ¼ 日，比十二個朔望月的日數約多 11 ¼ 日，積三年就相差一個月以上的時間，所以三年就要閏一個月，使曆年的平均長度大約等於一個太陽年，並和自然季節大致調和配合。《堯典》說"以閏月定四時成歲"，就是這個意思。但要注意《堯典》這裏說"歲"，不說"年"，這是用"歲"表示從今年某一節氣（例如冬至）到明年同一節氣之間的這一段時間，使之和"年"有分工，"年"表示從今年正月初一到明年正月初一之間的這一段時間。所以《周禮·春官·大史》說"正歲年以序事"，歲年並舉。

古人很重視置閏。《左傳‧文公六年》說：“閏以正時，時以作事，事以厚生，生民之道於是乎在矣。”三年一閏還不夠，五年要閏兩次，所以《說文》說“五年再閏”。五年閏兩次又多了些，後來規定十九年共閏七個月。從現有文獻看，殷周時代已經置閏，閏月一般放在年終，稱為“十三月”。當時置閏尚無定制，有時一年再閏，所以會有“十四月”。春秋時代就沒有一年再閏的情況了。漢初在九月之後置閏，稱為“後九月”，這是因為當時沿襲秦制，以十月為歲首，以九月為年終的緣故，有關這一點，下文還要談到。上古也有年中置閏，如閏三月、閏六月之類。當閏而不閏叫作“失閏”。如何適當安插閏月，這是古代曆法工作中的重要課題，這裏沒有必要敍述。

一年分為春夏秋冬四時(季)，後來又按夏曆正月、二月、三月等十二個月依次分為孟春、仲春、季春，孟夏、仲夏、季夏，孟秋、仲秋、季秋，孟冬、仲冬、季冬。這些名稱，古人常用作相應的月份的代稱。《楚辭‧哀郢(🔊 jing⁵ yǐng)》“民離散而相失兮，方仲春而東遷”，就是指夏曆二月說的。但是在商代和西周前期，一年只分為春秋二時，所以後來稱春秋就意味着一年。

《莊子・逍遙遊》：“蟪蛄不知春秋。”意思是蟪蛄生命短促不到一年。此外史官所記的史料在上古也稱為春秋，這是因為“史之所記必表年以首事”（見杜預《春秋序》）。舊說春秋猶言四時（《詩經・魯頌・閟宮》鄭玄箋），錯舉春秋以包春夏秋冬四時（杜預《春秋序》，孔穎達《正義》），似難置信。後來曆法日趨詳密，由春秋二時再分出冬夏二時，所以有些古書所列的四時順序不是“春夏秋冬”，而是“春秋冬夏”，這是值得注意的。例如《墨子・天志中》“制為四時春秋冬夏，以紀綱之”，《管子・幼官圖》“修春秋冬夏之常祭”，《禮記・孔子閒居》“天有四時，春秋冬夏”，等等。

古人在長期的生產實踐中逐步認識到季節更替和氣候變化的規律，把週歲 365¼ 日平分為立春、雨水、驚蟄、春分、清明、穀雨等二十四個節氣。其中每個節氣佔 15.22 日弱。後代根據太陽移動的速度，有的節氣佔 14 日多（冬至前後），有的節氣佔 16 日多（夏至前後）。二十四節氣用以反映四季、氣溫、降雨、物候等方面的變化，這是我國古代勞動人民掌握農事季節的經驗總結，對農業生產的發展貢獻很大。二十四節氣系統是我國舊曆特有的重要組成部分，其名稱和順序是：

正月	立春雨水	二月	驚蟄春分
三月	清明穀雨	四月	立夏小滿
五月	芒種夏至	六月	小暑大暑
七月	立秋處暑	八月	白露秋分
九月	寒露霜降	十月	立冬小雪
十一月	大雪冬至	十二月	小寒大寒

　　這是依照後代的順序；名稱和《淮南子·天文訓》相同。驚蟄古名啟蟄，漢代避景帝諱改名驚蟄。又，二十四節氣和陰曆月份的搭配不是絕對固定年年一致的，因為節氣跟太陽走，和朔望月沒有關係。這裏所列的是綜合一般的情況。

　　古人最初把二十四節氣細分為節氣和中氣兩種。例如立春是正月節，雨水是正月中，驚蟄是二月節，春分是二月中，節氣和中氣相間，其餘由此順推。（由於一個節氣加一個中氣差不多是三十天半，大於一個朔望月，所以每月的節氣和中氣總要比上月推遲一兩天，推遲到某月只有節氣沒有中氣，後來就以這個月份置閏，所以古人說"閏月無中氣"。陽曆每月都有節氣和中氣，上半年每月六日和二十一日左右是交節日期，下半年每月八日和二十三日左右是交節日期。）

　　二十四節氣是根據太陽在黃道上不同的視位置定

的。前面講天文時說過，古人把黃道附近一周天平分為星紀、玄枵等十二次，太陽運行到某次就交某某節氣（實際上二十四個節氣是表示地球在圍繞太陽公轉的軌道上的二十四個不同的位置。）。試以《漢書・律曆志》所載的二千多年前的天象為例。太陽運行到星紀初點交大雪，運行到星紀中央交冬至，運行到玄枵初點交小寒，運行到玄枵中央交大寒，等等。下表就說明了這種情況：

太陽視位置（日躔星次）	星紀		玄枵		諏訾	
	初	中	初	中	初	中
節氣	大雪	冬至	小寒	大寒	立春	驚蟄
太陽視位置（日躔星次）	降婁		大梁		實沈	
	初	中	初	中	初	中
節氣	雨水	春分	穀雨	清明	立夏	小滿
太陽視位置（日躔星次）	鶉首		鶉火		鶉尾	
	初	中	初	中	初	中
節氣	芒種	夏至	小暑	大暑	立秋	處暑
太陽視位置（日躔星次）	壽星		大火		析木	
	初	中	初	中	初	中
節氣	白露	秋分	寒露	霜降	立冬	小雪

（註：太陽運行叫作躔。）

這表是根據《漢書・律曆志》的順序排的，驚蟄在雨水之前，清明在穀雨之後，和後代不同。《漢書・律曆志》並指出交某節氣時太陽所在的星宿及其度數，如冬至日在牽牛初度，即摩羯座 β 星附近。現代天象和古代不同，現在的冬至點在人馬座(相當於古代的析木)。

二十四節氣系統是逐步完備起來的。古人很早就掌握了二分二至這四個最重要的節氣：《尚書・堯典》把春分叫作日中，秋分叫作宵中，《呂氏春秋》統名之曰日夜分，因為這兩天晝夜長短相等；《堯典》把夏至叫作日永，冬至叫作日短，因為夏至白天最長，冬至白天最短，所以《呂氏春秋》分別叫作日長至、日短至。(《孟子》統名之曰日至。《孟子・告子上》"今夫麰麥，播種而耰之，其地同，樹之時又同，浡然而生，至於日至之時皆熟矣"，這指夏至而言；《孟子・離婁下》"天之高也，星辰之遠也，苟求其故，千歲之日至可坐而致也"，舊說指冬至而言。《左傳》又稱冬至為日南至。)《左傳・僖公五年》說"凡分至啟閉必書雲物"，分指春分秋分，至指夏至冬至，啟指立春立夏，閉指立秋立冬(據杜預注)。《呂氏春秋》則明確提到立春、立夏、立秋、立冬四個節氣。到《淮南子》我們就見到和後世完全相同的二十四節氣的名稱了。

我們閱讀古書，有必要了解古人記錄時間的法則，下面就古代的紀日法（包括一天之內的紀時法）、紀月法和紀年法分別加以敍述。

　　古人用干支紀日，例如《左傳‧隱公元年》“五月辛丑，大叔出奔共”。干是天干，即甲乙丙丁戊己庚辛壬癸；支是地支，即子丑寅卯辰巳午未申酉戌亥。十干和十二支依次組合為六十單位，稱為六十甲子：

甲子	乙丑	丙寅	丁卯	戊辰	己巳
庚午	辛未	壬申	癸酉		
甲戌	乙亥	丙子	丁丑	戊寅	己卯
庚辰	辛巳	壬午	癸未		
甲申	乙酉	丙戌	丁亥	戊子	己丑
庚寅	辛卯	壬辰	癸巳		
甲午	乙未	丙申	丁酉	戊戌	己亥
庚子	辛丑	壬寅	癸卯		
甲辰	乙巳	丙午	丁未	戊申	己酉
庚戌	辛亥	壬子	癸丑		
甲寅	乙卯	丙辰	丁巳	戊午	己未
庚申	辛酉	壬戌	癸亥		

（註：干支的組合是天干的單數配地支的單數，天干的雙數配地支的雙數，所以不可能有“甲丑”、“乙寅”之類。）

每個單位代表一天，假設某日為甲子日，則甲子以後的日子依次順推為乙丑、丙寅、丁卯等；甲子以前的日子依次逆推為癸亥、壬戌、辛酉等。六十甲子週而復始。這種紀日法遠在甲骨文時代就已經有了。

古人紀日有時只記天干不記地支，例如《楚辭·哀郢》："出國門而軫懷兮，甲之朝吾以行。"這種情況在甲骨文時代也已經有了。用地支紀日比較後起，大多限於特定的日子如"子卯不樂"（《禮記·檀弓》）、"三月上巳"之類。

從一個月來説，有些日子在古代有特定的名稱。每月的第一天叫作朔，最後一天叫作晦。所以《莊子》説"朝菌不知晦朔"。初三叫作朏，大月十六、小月十五叫作望，鮑照詩"三五二八時，千里與君同"（見《玩月城西門廨中》），就是指望日的明月説的。近在望後的日子叫作既望。（西周初期有一種特別的紀日法，即把一個月分為四份，類似現代的週〈星期〉，每份都有一個特定的名稱，"既望"就是其中之一。這種紀日法後來沒有使用，這裏不細説。）所以蘇軾《前赤壁賦》説："壬戌之秋，七月既望。"朔晦兩天，一般既稱干支又稱朔晦，例如《左傳·僖公五年》"冬十二月丙子朔，晉滅虢（🔊 gwik¹ guó），虢公醜奔京師"，《左傳·襄公十八年》"十月……丙寅晦，齊師夜遁"。其他日子一般就只記干支（《尚書》朏日也是既稱干支又稱朏，例如《畢命》"惟十有二年六月庚午朏"，這種情況在一般古書中很少見。），但是人們可以根據當月朔日的干支推知它是這個月的第幾天。例如《左傳·隱公元年》"五月辛丑，大叔出奔共"，根據後人推定的春秋長曆可以知道辛丑是魯隱公元年五月二十三日。

附帶說一說，根據曆譜中干支的日序，甚至可以推斷出古書的錯誤來。《春秋·襄公二十八年》說："十有二月甲寅，天王崩。乙未，楚子昭卒。"從甲寅到乙未共四十二天，不可能同在一個月之內，可見這裏必有錯誤。

下面談談一天之內的紀時法。

古人主要根據天色把一晝夜分為若干時段。一般地說，日出時叫作旦早朝晨，日入時叫作夕暮昏晚（古代夕又當夜講，通作昔。《莊子·天運》："蚊虻噆膚，則通昔不寐矣。"《說文》："晚，暮也。"），所以古書上常常見到朝夕並舉，旦暮並舉，晨昏並舉，昏旦並舉，等等。太陽正中時叫作日中，將近日中的時間叫作隅中（《左傳·昭公五年》孔穎達疏："隅謂東南隅也，過隅未中，故為隅中也。"），太陽西斜叫作昃。了解到這一點，對於古書上所說的"自朝至於日中昃不遑暇食"（見《尚書‧無逸》）這一類記錄時間的話就了解得更加具體了。

古人一日兩餐，朝食在日出之後、隅中之前，這段時間就叫作食時或蚤食；夕食在日昃之後、日入之前，這段時間就叫作晡時（晡時也寫作餔時）。日入以後是黃昏，黃昏以後是人定。《孔雀東南飛》說"奄奄黃昏後，寂寂人定初"，可以看成為古代這兩個時段之間的確切描繪。人定以後就是夜半了。

《詩經》說："女曰雞鳴，士曰昧旦。"（見《詩經‧鄭風‧女曰雞鳴》）雞鳴和昧旦是夜半以後先後相繼的兩個時段。昧旦又叫昧爽，這是天將亮的時間。此外古書上又常常提到平旦、平明，這是天亮的時間。

古人對於一晝夜有等分的時辰概念之後，用十二地支表示十二個時辰，每個時辰恰好等於現代的兩小時（小時本來是小時辰的意思；因為一小時只等於半個時辰。）。和現代的時間對照，夜半十二點（即二十四點）是子時（所以說子夜），上午兩點是丑時，四點是寅時，六點是卯時，其餘由此順推。近代又把每個時辰細分為初、正。晚上十一點(即二十三點)為子初,夜半十二點為子正;上午一點為丑初,上午兩點為丑正,等等。這就等於把一晝夜分為二十四小時了。列表對照如下:

	子	丑	寅	卯	辰	巳
初	23	1	3	5	7	9
正	24	2	4	6	8	10
	午	未	申	酉	戌	亥
初	11	13	15	17	19	21
正	12	14	16	18	20	22

古人紀月通常以序數為記,如一月二月三月,等等;作為歲首的月份叫作正(圖 zing¹ zhēng)月,秦避始皇諱,改正月為端月。但是秦以十月為歲首,下文還要談到。又《詩經‧小雅‧正月》"正月繁霜,我心憂傷",這裏的正月指夏曆四月(毛傳),不是作為歲首的正月。在先秦時代每個月似乎還有特定的名稱,例如正月為孟陬(圖 zau¹ zōu)(《楚辭》),四月為除(《詩經》),九月為玄(《國語》),十月為陽(《詩經》),等等,這裏是舉例性質,參看《爾雅‧釋天》。

古人又有所謂"月建"的觀念,就是把子丑寅卯等十二支和十二個月份相配，以通常冬至所在的十一月（夏曆）配子，稱為建子之月，由此順推，十二月為建丑之月，正月為建寅之月，二月為建卯之月，直到十月為建亥之月（庾信《哀江南賦序》："粵以戊辰之年，建亥之月，大盜移國，金陵瓦解。"），如此週而復始。（《說文》對於十二支各字的解釋就是聯繫着月份的。前人把"建"解釋為"斗建"，意思是斗柄所指，認為十二支代表北斗星斗柄所指的十二個不同的方位（例如以子為北，午為南，卯為東，酉為西，等等），十一月斗柄指北，所以為建子之月，以後斗柄每月移指一個方位，十二個月週而復始，這種說法在過去很普遍。南北朝的天文學家祖沖之、清朝的天文學家梅文鼎都指出月建和斗柄所指的方位沒有關係。）至於以天干配合着地支來紀月，則是後起的事。

中國古代最早的紀年法是按照王公即位的年次紀年，例如公元前 770 年記為周平王元年、秦襄公八年等，以元、二、三的序數遞記，直到舊君出位為止。漢武帝開始用年號紀元，例如建元元年、元光三年，也是以元、二、三的序數遞記，更換年號就重新紀元。這兩種紀年法是過去史家所用的傳統紀年法。戰國時代，天文占星家根據天象紀年，有所謂星歲紀年法，星指歲星，歲指太歲。下面分別敘述。

先說歲星紀年法。前面講天文時說過，古人把黃道附近一周天分為十二等份，由西向東命名為星紀、玄枵等十二次。古人認為歲星由西向東十二年繞天一周，每年行經一個星次。假如某年歲星運行到星紀範圍，這一年就記為"歲在星紀"，第二年歲星運行到玄枵範圍，就記為"歲在玄枵"，其餘由此類推，十二年週而復始。（事實上，歲星並不是十二年繞天一週，而是11.8622年繞天一週，每年移動的範圍比一個星次稍微多一點，漸積至八十六年，便多走過一個星次，這叫作"超辰"。）《左傳·襄公三十年》說："於子蟜之卒也，將葬，公孫揮與裨竈晨會事焉。過伯有氏，其門上生莠。子羽曰：'其莠猶在乎？'於是歲在降婁。"《國語·晉語四》"君之行也，歲在大火"，就是用歲星紀年的例子。（有人認為《左傳》、《國語》裏的歲星紀年出自劉歆偽託，並不反映當時的實際天象。）

再說太歲紀年法。古人有所謂十二辰的概念，就是把黃道附近一周天的十二等份由東向西配以子丑寅卯等十二支，其安排的方向和順序正好和十二次相反。二者對照如下表：

十二次 （由西向東）	星紀	玄枵	諏訾	降婁	大梁	實沈
十二辰 （由東向西）	丑	子	亥	戌	酉	申

十二次 (由西向東)	鶉首	鶉火	鶉尾	壽星	大火	析木
十二辰 (由東向西)	未	午	巳	辰	卯	寅

　　歲星由西向東進行，和人們所熟悉的十二辰的方向和順序正好相反，所以歲星紀年法在實際生活中應用起來並不方便。為此，古代天文占星家便設想出一個假歲星叫作太歲(《漢書‧天文志》叫作太歲，《史記‧天官書》叫作歲陰，《淮南子‧天文訓》叫作太陰)，讓它和真歲星

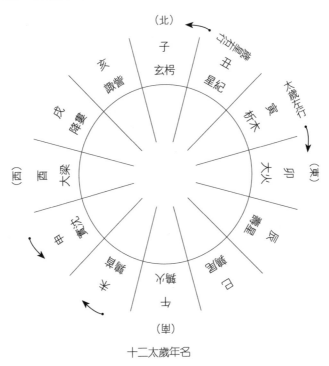

十二太歲年名

"背道而馳"，這樣就和十二辰的方向順序相一致，並用它來紀年。根據《漢書‧天文志》所載戰國時代的天象紀錄，某年歲星在星紀，太歲便在析木(寅)，這一年就是"太歲在寅"；第二年歲星運行到玄枵，太歲便運行到大火(卯)，這一年就是"太歲在卯"，其餘由此類推，如「十二太歲年名」圖所示。

此外古人還取了攝提格、單閼(粵 sin⁴ jin¹ chán yān)等十二個太歲年名作為"太歲在寅"、"太歲在卯"等十二個年份的名稱。屈原《離騷》"攝提貞於孟陬兮，惟庚寅吾以降"，一般認為這裏的攝提就是作為太歲年名的攝提格，是說屈原出生於"太歲在寅"之年。(但是需注意，屈原時代的"太歲在寅"是反映當時歲星所在的相應的方位的，人們可以把《離騷》裏的攝提〈格〉翻譯為寅年，但不能理解為後世干支紀年法裏的寅年，干支紀年法裏的子丑寅卯只是一套抽象的次序符號，和太歲所在、歲星所在沒有關係。又朱熹《楚辭集注》說："攝提，星名；隨斗柄以指十二辰者也。"這是另外一種解釋。)孟陬指夏曆正月建寅之月；庚寅是生日的干支。這樣說來，屈原的生辰恰巧是寅年寅月寅日。

下面列表說明攝提格、單閼等十二個太歲年名和太歲所在、歲星所在的對應關係：

太歲年名	太歲所在	歲星所在
攝提格	寅（析木）	星紀（丑）
單閼	卯（大火）	玄枵（子）
執徐	辰（壽星）	諏訾（亥）
大荒落	巳（鶉尾）	降婁（戌）
敦牂	午（鶉火）	大梁（酉）
協洽	未（鶉首）	實沈（申）
涒灘	申（實沈）	鶉首（未）
作噩	酉（大梁）	鶉火（午）
閹茂	戌（降婁）	鶉尾（巳）
大淵獻	亥（諏訾）	壽星（辰）
困敦	子（玄枵）	大火（卯）
赤奮若	丑（星紀）	析木（寅）

（註：太歲年名的寫法根據《爾雅・釋天》。大荒落、協洽，《史記・天官書》作大荒駱、葉洽。作噩，《漢書・天文志》作作詻，《淮南子・天文訓》、《史記・曆書》、《天官書》作作鄂。閹茂，《史記・曆書》作淹茂，《天官書》作閹茂，《漢書・天文志》作掩茂。）

　　大概在西漢年間，曆家又取了閼逢、旃（⊕zin¹ zhān）蒙等十個名稱，叫作歲陽，依次和上述十二個太歲年名相配（配法和前述六十甲子相同），組合成為六十個年名，以閼逢攝提格為第一年，旃蒙單閼為第二年，其餘由此類推，六十年週而復始。《史記·曆書·曆術甲子篇》自太初元年(公元前 104 年)始，就用這些年名紀年。《爾雅·釋天》載有十個歲陽和十干對應，歲陽名稱也根據《爾雅·釋天》。《淮南子·天文訓》與此基本相同。《史記·曆書》所見十個歲陽的名稱和順序是：焉逢、端蒙、遊兆、彊梧、徒維、祝犁、商橫、昭陽、橫艾、尚章。和《爾雅》有出入。現列表如下：

歲陽	閼逢	旃蒙	柔兆	強圉	著雍
十干	甲	乙	丙	丁	戊
歲陽	屠維	上章	重(粵 cung⁴ chóng)光	玄黓	昭陽
十干	己	庚	辛	壬	癸

上文說過，十二個太歲年名和十二辰對應。為便於查閱，再作簡表如下：

太歲年名	攝提格	單閼	執徐	大荒落	敦牂	協洽
十二辰	寅	卯	辰	巳	午	未
太歲年名	涒灘	作噩	閹茂	大淵獻	困敦	赤奮若
十二辰	申	酉	戌	亥	子	丑

所以如果用干支來更代，閼逢攝提格可以稱為甲寅年，旃蒙單閼可以稱為乙卯年，等等。這些年名創制之初是為了反映歲星逐年所在的方位的，但是後來發現歲星並不是每年整走一個星次，用它們來紀年並不能反映逐年的實際天象，所以就廢而改用六十甲子紀年了。後世有人使用這些古年名紀年，那是根據當年的干支來對照的。例如司馬光《資治通鑒》卷一百七十六《陳紀》十下注曰："起閼逢執徐，盡著雍涒灘，凡五年。"是説從甲辰到戊申共五年。清初作家朱彝尊在《謁孔林賦》裏寫道："粵以屠維作噩之年，我來自東，至於仙源。"其實是説在己酉年。他的《曝書亭集》裏的古今詩繫年，也用這些年名。我們閲讀古書，應該知道這種情況。

干支紀年法一般認為興自東漢，也有人認為在漢朝初年就開始用干支紀年，到了東漢元和二年(公元85年)才用政府命令的形式，在全國範圍內實行。而六十甲子週而復始，到現在沒有中斷。由此可以向上逆推，知道上古某年是甚麼干支。一般歷史年表所記的西漢以前的逐年干支，是後人逆推附加上去的，這一點應該注意。

關於紀年法我們就説到這裏。

最後談談“三正（粵 zing¹ zhēng）”的問題。

春秋戰國時代有所謂夏曆、殷曆和周曆，三者主要的區別在於歲首的月建不同，所以又叫作三正。周曆以通常冬至所在的建子之月（即夏曆的十一月）為歲首，殷曆以建丑之月（即夏曆的十二月）為歲首，夏曆以建寅之月（即後世通常所説的陰曆正月）為歲首。周曆比殷曆早一個月，比夏曆早兩個月。由於三正歲首的月建不同，四季也就隨之而異。下表以月建為綱，説明三正之間月份和季節的對應：

月建	子	丑	寅	卯	辰	巳	午	未	申	酉	戌	亥
周曆	正月	二月	三月	四月	五月	六月	七月	八月	九月	十月	十一月	十二月
			(春)			(夏)			(秋)		(冬)	
殷曆	十二月	正月	二月	三月	四月	五月	六月	七月	八月	九月	十月	十一月
	(冬)		(春)			(夏)			(秋)		(冬)	
夏曆	十一月	十二月	正月	二月	三月	四月	五月	六月	七月	八月	九月	十月
	(冬)		(春)			(夏)			(秋)		(冬)	

夏殷周三正是春秋戰國時代不同地區所使用的不同的曆日制度，我們閱讀先秦古籍有必要了解三正的差異，因為先秦古籍所據以紀時的曆日制度並不統一。舉例來說，《春秋》和《孟子》多用周曆（《孟子·離婁下》：「歲十一月徒杠成，十二月輿梁成，民未病涉也。」阮元以為此用夏曆，但是這一點學者間有爭論。），《楚辭》和《呂氏春秋》用夏曆。《詩經》要看具體詩篇，例如《小雅·四月》用夏曆，所以原詩說「四月維夏，六月徂暑」，「秋日淒淒，百卉具腓」，「冬日烈烈，飄風發發」。《豳風·七月》就是夏曆和周曆並用。此詩凡言「七月」等處是夏曆，「一之日」等處是周曆。《春秋·成公八年》說「二月無冰」，史官把這一罕見的現象載入史冊，顯而易見，這是指周曆二月即夏曆十二月而言；如果是夏曆二月，則已經「東風解凍」，無冰應是正常現象，無需大書特書了。又如《春秋·莊公七年》說「秋，大水，無麥苗」，這也指周曆，周曆秋季相當於夏曆五六月，晚收的麥子和「五稼之苗」有可能被大水所「漂殺」；如果是夏曆秋季，就很難索解了。由此可知《孟子·梁惠王上》所說的「七八月之間旱，則苗槁矣」也是用周曆，周曆七八月相當於夏曆五六月，其時正是禾苗需要雨水的時候。根據同樣的理由，我們相信《孟子·滕文公上》所說的「江漢以濯（⊕zok⁶ zhuó）之，秋陽以暴之"的秋陽是指夏曆五六月的炎日。在《春秋》和《左傳》裏，同一歷史事實，《春秋》經文和《左傳》所記的時月每有出入，甚至同屬《左傳》所記，而時月也互有異同，這可以從三正的差異中求得解釋(文字錯亂又當別論)。例如《春秋・隱公六年》説"冬，宋人取長葛"，《左傳》記載為"秋，宋人取長葛"，杜預想調和經傳紀時上的矛盾，解釋説"秋取，冬乃告也"。又説"今冬乘長葛無備而取之"，則自相矛盾。其實從周曆夏曆的差異上來解釋就很自然。《春秋・僖公五年》説"春，晉侯殺其世子申生"，《左傳》記此事於僖公四年十二月。可見《左傳》所依據的史料有的是用夏曆。

在戰國秦漢之間有所謂"三正論"，認為夏正建寅、殷正建丑、周正建子是夏商周三代輪流更改正朔，説甚麼"王者始起"要"改正朔"、"易服色"等以表示"受命於天"。當然這並不可信。秦始皇統一中國後，改以建亥之月(即夏曆的十月)為歲首，但是夏正比較適合農事季節，所以並不稱十月為正月，不改正月(秦人叫端月)為四月，春夏秋冬和月份的搭配，完全和夏正相同。漢初沿襲秦制。《史記・魏其武安侯列傳》載漢武帝元光五年(公元前130年)十月殺灌夫，十二月晦殺魏其，接着説："其春，武安侯病，專呼服謝罪。使巫視鬼者視之，見魏其、灌夫共守，欲殺之。"司馬遷不説"明春"，而説"其春"，就是因為當時以十月為歲首，當年的春天在當年的十二月之後的緣故。漢武帝元封七年(公元前104年)改用太初曆，以建寅之月為歲首，此後大約二千年間，除王莽和魏明帝時一度改用殷正，唐武后和肅宗時一度改用周正外，一般都是用的夏正。

附帶談談一些節日。

由於風俗習慣的關係，一年有許多節日。下面把一些主要節日按月加以敘述。

• 元旦

這是正月初一日。(辛亥革命以後公曆的1月1日被稱為元旦，正月初一被改稱春節。)

• 人日

這是正月初七日。據傳説，正月一日為雞，二日為狗，三日為豬，四日為羊，五日為牛，六日為馬，七日為人。高適《人日寄杜二拾遺》(按即杜甫)："人日題詩寄草堂。"

• 上元（元月元宵）

正月十五日。舊俗以元夜張燈為戲，所以又叫燈節。朱淑貞《生查子》：“去年元夜時，花市燈如畫。”

• 社日

農家祭社祈年的日子，立春後第五個戊日（在春分前後）。杜甫《遭田夫泥飲美嚴中丞》：“田翁逼社日，邀我嘗春酒。”王駕《社日》詩：“桑柘（粵 ze³ zhè）影斜春社散，家家扶得醉人歸。”這是春社。又，立秋後第五個戊日為秋社，在秋分前後。

• 寒食

清明前二日。《荊楚歲時記》說，冬至後一百五日，謂之寒食，禁火三日。因此，有人以“一百五”為寒食的代稱。溫庭筠《寒食節日寄楚望》詩：“時當一百五。”但依照舊法推算，清明前二日不一定是一百五日，有時是一百六日。所以元稹《連昌宮詞》說：“初過寒食一百六，店舍無煙宮樹綠。”

• 清明

就是清明節。古人常常把清明和寒食聯繫起來。杜牧《清明》詩：“清明時節雨紛紛。”

• 花朝

二月十二日為花朝，又叫百花生日。

• 上巳

原定為三月上旬的一個巳日（所以叫上巳），舊俗以此日臨水袚（🔊 fat¹ fú）除不祥，叫作修禊。但是自曹魏以後，把節日固定為三月三日。後來變成了水邊飲宴、郊外遊春的節日。杜甫《麗人行》：“三月三日天氣新，長安水邊多麗人。”

• 浴佛節

傳說四月初八日是釋迦牟尼的生日。《荊楚歲時記》說，荊楚以四月八日諸寺香湯浴佛，共作龍華會。《洛陽伽藍記·法雲寺》：“四月初八日，京師士女多至河間寺。”

- 端午（端陽）

五月初五日。《荊楚歲時記》說，屈原在五月五日投江，人們在這一天競渡，表示要拯救屈原。（後來又把船做成龍形，叫龍舟競渡。）關於端午節的傳說很多。唐代以後，端午節被規定為大節日，常有賞賜。杜甫《端午日賜衣》："端午被恩榮。"

- 伏日

夏至後第三個庚日叫初伏，第四個庚日叫中伏，立秋後第一個庚日叫終伏（末伏），總稱為三伏。據說伏是隱伏避盛暑的意思。（此據《史記·秦本紀》"二年初伏"張守節正義。）伏日祭祀，所以也是一個大節日。一般所謂伏日，大約指的是初伏。楊惲（⊛ wan⁶ yùn）《報孫會宗書》："田家作苦，歲時伏臘，烹羊炮羔，斗酒自勞。"

- 七夕

七月七日。《荊楚歲時記》說，七月初七日的晚間是牽牛織女聚會之夜，人間婦女結綵縷穿七孔針，陳酒脯瓜果於庭中，以乞巧。杜牧《七夕》詩："銀燭秋光冷畫屏，輕羅小扇撲流螢。天街夜色涼如水，臥看牽牛織女星。"

• 中元

七月十五日。(正月十五日為上元，七月十五日為中元，十月十五日為下元。後代只有上元中元成為節日。)佛教傳説：目連的母親墮入餓鬼道中，食物入口，即化烈火，目連求救於佛，佛為他説盂蘭盆經，叫他在七月十五日作盂蘭盆以救其母。(盂蘭盆，梵語，是解倒懸的意思。作盂蘭盆，指施佛及僧，以報父母養育之恩。)後代把中元看成鬼節，有施餓鬼等迷信行為。

• 中秋

八月十五日。人們以為這時的月亮最亮，所以是賞月的佳節。蘇軾《水調歌頭》(中秋)："明月幾時有，把酒問青天。"

• 重陽(重九，九日)

九月初九日。古人以為九是陽數，日月都逢九，所以稱為重陽。古人在這一天有登高飲酒的習慣。據《續齊諧記》所載，費長房對汝南桓景説，九月九日汝南有大災難，帶茱萸囊登山飲菊花酒可以免禍。這是一般人認為重九登高的來源，但不一定可靠。《風土記》以為此日折茱萸插頭，以辟惡氣，而禦初寒，與此並不相同。王維《九月九日憶山東兄弟》："遙知兄弟登高處，遍插茱萸少一人。"

• 冬至

就是冬至節。冬至前一日稱為小至。古人把冬至看成是節氣的起點，《史記‧律書》："氣始於冬至，週而復始。"從冬至起，日子一天天長起來，叫作"冬至一陽生"。《史記‧律書》："日冬至，則一陰下藏，一陽上舒。"古人又認為：冬天來了，春天就要跟着到來。杜甫《小至》詩："冬至陽生春又來。"

• 臘日

臘是祭名。《說文》："冬至後三戌臘祭百神。"可見漢代的臘日是冬至後第三個戌日。但是《荊楚歲時記》以十二月初八日為臘日，並說村人擊細腰鼓，作金剛力士以逐疫。十二月初八日是一般的解釋，到今天還有"臘八粥"的風俗。杜甫《臘日》詩："臘日常年暖尚遙，今年臘日凍全消。"又《詠懷古蹟》(其四)：
"歲時伏臘走村翁。"

• 除夕

一年最後一天的晚上。除是除舊佈新的意思。一年的最後一天叫"歲除"，所以那天晚上叫"除夕"。蘇軾《守歲》詩："兒童強不睡，相守夜歡嘩。"

上述這些節日，不是一個時代的，而是許多時代積累下來的。

第三章

樂律

古人把宮商角徵(🔊zi² zhǐ)羽稱為五聲或五音，大致相當於現代音樂簡譜上的 1(do) 2(re) 3(mi) 5(sol) 6(la)。從宮到羽，按照音的高低排列起來，形成一個五聲音階，宮商角徵羽就是五聲音階上的五個音級：

宮	商	角	徵	羽
1	2	3	5	6

後來再加上變宮、變徵，稱為七音。變宮、變徵大致和現代簡譜上的 7(ti) 和 #4(fis) 相當，這樣就形成一個七聲音階。《淮南子·天文訓》把變宮叫作和，變徵叫作繆。後世變宮又叫作閏。中國傳統音樂沒有和 4(fa) 相當的音，變徵大致和 #4(fis) 近似。

宮	商	角	變徵	徵	羽	變宮
1	2	3	#4	5	6	7

作為音級，宮商角徵羽等音只有相對音高，沒有絕對音高。(《中國古代文化常識》成書時，曾侯乙墓尚未發現。曾侯乙墓出土證據說明，中國在公元前五世紀已經有了完善的絕對音高的概念。)這就是說它們的音高是隨着調子轉移的。

但是相鄰兩音的距離卻固定不變，只要第一級音的音高確定了，其他各級的音高也就都確定了。古人通常以宮作為音階的起點，《淮南子·原道訓》說："故音者，宮立而五音形矣。"宮的音高確定了，全部五聲音階各級的音高也就都確定了。七聲音階的情況也是這樣。

古書上常常把五聲或五音和六律並舉。《呂氏春秋·察傳》篇說"夔(⊕ kwai⁴ kuí)於是正六律，和五聲"，《孟子·離婁上》說"師曠之聰，不以六律，不能正五音"，可見律和音是兩個不同的概念。律，本來指用來定音的竹管。蔡邕(⊕ jung¹ yōng)《月令章句》："截竹為管謂之律。"《國語·周語下》："律以平聲。"後世律管改為銅製。又，古人也用鐘弦定音，故有所謂管律、鐘律和弦律。舊說古人用十二個長度不同的律管，吹出十二個高度不同的標準音，以確定樂音的高低，因此這十二個標準音也就叫作十二律。十二律各有固定的音高和特定的名稱，和現代西樂對照，大致相當於C、♯C、D、♯D……G、♯G、A、♯A、B等十二個固定的音。從低到高排列起來，依次為：

1. 黃鐘	2. 大呂	3. 太簇
C	#C	D
4. 夾鐘	5. 姑洗	6. 中呂
#D	E	F
7. 蕤賓	8. 林鐘	9. 夷則
#F	G	#G
10. 南呂	11. 無射	12. 應鐘
A	#A	B

這樣對照，只是為了便於了解，不是說上古的黃鐘就等於現代的 C，上古黃鐘的絕對音高尚待研究。其餘各音和今樂也不一一相等。黃鐘、夾鐘、林鐘、應鐘的鐘字又作鍾；太簇又作太蔟、太族、大族、大蔟、泰簇、泰族；中呂又作仲呂；姑洗的洗，讀 🔊 sin² xiǎn；無射 (🔊 jik⁶ yì) 又作亡射。

十二律分為陰陽兩類：奇數六律為陽律，叫作六律；偶數六律為陰律，叫作六呂。合稱為律呂。古書上所說的"六律"，通常是包舉陰陽各六的十二律說的。

律管的長度是固定的。長管發音低，短管發音高。蔡邕《月令章句》說："黃鐘之管長九寸(這是晚周的尺度，一尺長約二十三厘米。)，孔徑三分，圍九分。其餘皆稍短(漸短)，惟大小無增減。"十二律管的長度有一定的數的比例：以黃鐘為準，將黃鐘管長三分減一，得六寸，就是林鐘的管長；林鐘管長三分增一，得八寸，就是太簇的管長；太簇管長三分減一，得五又三分之一寸，就是南呂的管長；南呂管長三分增一，得七又九分之一寸，就是姑洗的管長(尺寸依照《禮記‧月令》鄭玄注)；以下的次序是應鐘、蕤(⊜jeoi⁴ ruí)賓、大呂、夷則、夾鐘、無射、中呂。除由應鐘到蕤賓，由蕤賓到大呂都是三分增一外(《漢書‧律曆志》說："參分蕤賓損一，下生大呂。"其說非是。應以《淮南子》、《禮記‧月令》鄭注及《後漢書‧律曆志》為準。參看王光祈《中國音樂史》，上冊，第22-38頁。)，其餘都是先三分減一，後三分增一。這就是十二律相生的三分損益法。十二個律管的長度有一定的比例，這意味着十二個標準音的音高有一定的比例。

現在說到樂調。

上文說過，古人通常以宮作為音階的第一級音。其實商角徵羽也都可以作為第一級音。《管子·地員》篇有一段描寫五聲的文字，其中所列的五聲順序是徵羽宮商角，這就是以徵為第一級音的五聲音階：

徵	羽	宮	商	角
5̣	6̣	1	2	3

音階的第一級音不同，意味着調式的不同：以宮為音階起點的是宮調式，意思是以宮作為樂曲旋律中最重要的居於核心地位的主音；以徵為音階起點的是徵調式，意思是以徵作為樂曲旋律中最重要的居於核心地位的主音；其餘由此類推。這樣，五聲音階就可以有五種主音不同的調式。根據同樣的道理，七聲音階可以有七種主音不同的調式。《孟子·梁惠王下》："'為我作君臣相說之樂。'蓋徵招、角招是也。"招就是韶（舞樂），徵招、角招就是徵調式舞樂和角調式舞樂。《史記·刺客列傳》載："高漸離擊筑，荊軻和而歌，為變徵之聲，士皆垂淚涕泣。又前而為歌曰：'風蕭蕭兮易水寒，壯士

一去兮不復還。'復為羽聲忼慨，士皆瞋目，髮盡上指冠。"這裏所説的變徵之聲就是變徵調式，羽聲就是羽調式。以上的記載表明，不同的調式有不同的色彩，產生不同的音樂效果。

　　但是上文説過，宮商角徵羽等音只有相對音高，沒有絕對音高。在實際音樂中，它們的音高要用律來確定。(此説其實已經不對。考慮上下文銜接，這裏我們對原文的錯誤維持原狀。)試以宮調式為例。用黃鐘所定的宮音(黃鐘為宮)，就比用大呂所定的宮音(大呂為宮)要低。前者叫作黃鐘宮，後者叫作大呂宮。古書上有時候説"奏黃鐘"、"歌大呂"等等，雖只提律名，實際上指的是黃鐘宮、大呂宮等等。宮音既定，其他各音用哪幾個律，也就隨之而定。例如：

黃鐘宮

黃鐘	大呂	太簇	夾鐘	姑洗	中呂	蕤賓	林鐘	夷則	南呂	無射	應鐘
宮		商		角			徵		羽		

大呂宮

黃鐘	大呂	太簇	夾鐘	姑洗	中呂	蕤賓	林鐘	夷則	南呂	無射	應鐘
	宮		商		角			徵		羽	

理論上十二律都可以用來確定宮的音高，這樣就可能有十二種不同音高的宮調式。商角徵羽各調式仿此，也可以各有十二種不同音高的調式。總起來說，五聲音階的五種調式，用十二律定音，可各得十二"調"，因此古人有所謂六十"調"之說。《淮南子‧原道訓》說："五音之數不過五，而五音之變不可勝聽也。"根據同樣的道理，七聲音階的七種調式，用十二律定音，可得八十四"調"。了解到這一點，那麼古書上所說的"黃鐘為宮，大呂為角，太簇為徵，應鐘為羽"這一類的話就不難懂了(見《周禮‧春官‧大司樂》)，所指的不過是不同音高的不同調式而已。

有一點需要注意：無論六十"調"或八十四"調"，都只是理論上有這樣多的可能組合，在實際音樂中不見得全都用到。例如隋唐燕樂只用二十八宮調。前人把以宮為主音的調式稱之為宮，以其他各聲為主音的調式統稱之為調，例如八十四調可以分稱為十二宮七十二調，也可以合稱為八十四宮調。隋唐燕樂所用的二十八宮調包括七宮二十一調。南宋詞曲音樂只用七宮十二調，元代北曲只用六宮十一調，明清以來南曲只用五宮八調。常用的只有九種，即五宮四調，通稱為"九宮"：

　　五宮：正宮、中呂宮、南呂宮、仙呂宮、黃鐘宮
　　四調：大石調(又作大食調)、雙調、商調、越調

　　這裏所列的"調"的名稱是傳統慣用的俗名。和上古的"調"對照，大致是：

　　正　宮 —— 黃鐘宮　　　　中呂宮 —— 夾鐘宮
　　南呂宮 —— 林鐘宮　　　　仙呂宮 —— 夷則宮
　　黃鐘宮 —— 無射宮　　　　大石調 —— 黃鐘商
　　雙　調 —— 夾鐘商　　　　商　調 —— 夷則商
　　越　調 —— 無射商

　　古書上又常常提到八音。《尚書·舜典》說："八音克諧"，《周禮·春官·大司樂》說："文之以五聲，播之以八音。"所謂八音，是指上古的八類樂器，即金石土革絲木匏竹。依《周禮·春官·大師》鄭玄注，金指鐘鎛，石指磬，土指塤，革指鼓鼗，絲指琴瑟，木指柷敔，匏指笙，竹指管籥。由此可見八音和五聲、七音是不同性質的。

中國樂律，歷代有不少變更，這裏沒有必要加以敍述。

中國音樂有悠久的歷史，中國樂律知識在二千多年以前就已經非常精微，這是值得我們自豪的。但是由於歷史條件的限制，古人對樂律的理解還有不正確的一面，我們學習古代樂律，對這一點也應該有所了解。

古人把宮商角徵羽五聲和四季、五方、五行相配。如果以四季為綱排起表來，它們之間的配合關係是：

四季	春	夏	季夏	秋	冬
五聲	角	徵	宮	商	羽
五方	東	南	中	西	北
五行	木	火	土	金	水

這種配合關係，可舉兩條舊注來說明。《禮記·月令》鄭玄注："春氣和，則角聲調"，所以角配春。《呂氏春秋·孟春紀》高誘注："角，木也；位在東方"，所以角配木，配東。其餘由此類推。顯而易見，這樣解釋是沒有科學根據的。但是古人對於五聲和四季、五方、五行的具體配合既然有了一種傳統的了解，那麼

古典作家的作品在寫到某個季節時連帶寫到和這個季節相配的音名和方位，就完全可以理解了。歐陽修《秋聲賦》之所以說"商聲主西方之音"，就是因為古人以秋季、商音和西方相配的緣故。

　　歐陽修《秋聲賦》接着還説："夷則為七月之律。"夷則和七月的聯繫要從十二律和十二月的配合來說明。在上古時代，人們把樂律和曆法聯繫起來，依照《禮記・月令》，一年十二月正好和十二律相適應：

　　　　孟春之月，律中太簇；

　　　　仲春之月，律中夾鐘；

　　　　季春之月，律中姑洗；

　　　　孟夏之月，律中中呂；

　　　　仲夏之月，律中蕤賓；

　　　　季夏之月，律中林鐘；

　　　　孟秋之月，律中夷則；

　　　　仲秋之月，律中南呂；

　　　　季秋之月，律中無射；

　　　　孟冬之月，律中應鐘；

　　　　仲冬之月，律中黄鐘；

　　　　季冬之月，律中大呂。

所謂"律中"，據《禮記‧月令》鄭玄注就是"律應"，"律應"的徵（⑧ zing¹ zhēng）驗則憑"吹灰"。吹灰是古人候氣的方法，據説是用葭莩（⑧ gaa¹ fu¹ jiā fú）的灰塞在律管裏，某個月份到了，和它相應的律管裏的葭灰就飛動起來了。歐陽修《秋聲賦》"夷則為七月之律"，就是在這個意義上説的。這種方法當然是不科學的，但是也成了典故。陶潛《自祭文》説："歲惟丁卯，律中無射，天寒夜長，風氣蕭索"，是指季秋九月。杜甫《小至》："吹葭六琯動飛灰"。（琯，玉製的律管。前人説這裏的"六琯"包舉六律六呂十二個管，其實是指黃鐘管。詩人為了和上句"刺繡五紋添弱線"的"五紋"相對，所以説"六琯"。詩歌用詞靈活，不可拘泥。）小至是冬至的前一天，仲冬之月，律中黃鐘，詩人的意思是説"冬至到了，律中黃鐘，黃鐘管的葭灰飛動了"。韓愈《憶昨行》："憶昨夾鐘之呂初吹灰"，意思是説"想起了二月的時候"，因為仲春之月律中夾鐘。

由於古人把十二律和十二月相配，後世作家常喜歡用十二律的名稱代表時令月份。例如曹丕《與吳質書》："方今蕤賓紀時，景風扇物"，就是指仲夏五月説的。

關於古代樂律，我們就說到這裏。

第四章

地理

歷代地方區域的劃分，各有不同。有時候，同一個區域名稱，而涵義大有區別。有些名稱則是上古所沒有的。現在舉出一些例子來加以說明。

• 州

相傳堯時禹平洪水，分天下為九州，即冀（粵kei³ jì）州、兗（粵jin⁵yǎn）州、青州、徐州、揚州、荊州、豫州、梁州、雍州。又相傳舜時分為十二州，即除了九州外，又從冀州分出并州、幽州，從青州分出營州。這樣，疆域的大小是一樣的，只是州的大小稍有不同罷了。到了漢代，中國的疆土更大了，於是增加了一個交州，一個朔方。後來朔方併入并州，改雍州為涼州，梁州為益州。東漢時代，共有十三州，即：司隸（直轄州）、豫州、兗州、徐州、青州、涼州、并州、冀州、幽州、揚州、益州、荊州、交州。晉初分為十九州，和東漢十三州比較，增加六州：(1)把梁州分為雍、涼、秦三州；(2)把益州分為梁、益、寧三州；(3)把幽州分為幽、平兩州；(4)把交州分為交、廣兩州。

從漢到南北朝末，州基本上是監察區（漢武帝為了加強中央集權，分全國為十幾個監察區，稱為州或部。每州置刺史〈後或稱州牧）一人，巡察所屬郡國。後來刺史都掌兵權，不是單純的監察官了。），有時也是行政區。不過從南北朝起，州的範圍漸漸地縮小了。在唐代，全國共有三百多個州，是行政區，宋元所謂州，則與唐代基本上一致。明清改州為府（將元代的路、府〈州〉、縣三級簡化為府、縣兩級），所以有"兗州府"、"揚州府"等名稱，只留少數直隸州直轄於省，散州隸屬於府。

• 郡

郡是行政區域。秦分天下為三十六郡，其中著名的有隴西、潁川、南陽、邯鄲、鉅鹿、漁陽、右北平、遼西、遼東、河東、上黨、太原、代郡、雁門、雲中、琅琊、漢中、巴郡、蜀郡、長沙、黔中。後來又增加桂林、象郡、南海、閩中，共為四十郡。此後歷代都有郡，但是區域變小了。直到隋代才取消了郡。唐代州郡迭改，都是行政區域。宋廢郡。

• 國

國是漢代諸侯王的封域，也是行政區。國的區域略等於郡，所以"郡國"連稱。

• 道

唐代的道是監察區，略相當於漢代的州。貞觀年間，分全國為十道：(1) 關內道，即古雍州；(2) 河南道，即古豫、兗、青、徐四州；(3) 河東道，即古冀州；(4) 河北道，即古幽、冀二州；(冀州共出現兩次，表示是冀州的一部分。下仿此。這些說法根據鄭樵《通志》卷四十《地理略》。) (5) 山南道，即古荊、梁二州；(6) 隴右道，即古雍、梁二州；(7) 淮南道，即古揚州；(8) 江南道，即古揚州的南部(今浙江、福建、江西、湖南等省)；(9) 劍南道，即古梁州(劍閣以南)；(10) 嶺南道，即古揚州的南部。開元年間，又分為十五道，這是從關內道分出一個京畿(治長安。畿，⑨gei¹ jī)，從河南道分出一個都畿(治洛陽)，再把山南分為山南東道、山南西道，把江南分為江南東道、江南西道和黔中道。

• 路

宋代的路最初是為徵收賦稅轉運漕糧而分的區域，後來逐漸帶有行政區劃和軍區的性質。最初分全國為十五路，後來分為十八路、二十三路(此外還有少數特為軍事而設的路，不領民事。)。和今天的省區大致相似。

例如福建路、廣東路、廣西路、湖南路、湖北路、陝西路、河北路等，都和今天的省名相同，區域也大致相當。（廣東路又稱廣南東路，廣西路又稱廣南西路，湖南路又稱荊湖南路，湖北路又稱荊湖北路。）（路是介乎行政區和監察區之間的一種區劃。路並沒有成為州的上一級行政機構，它只是中央為便於在財賦、兵政及國家掌控的壟斷經濟等方面管理地方所設的機構。州級政府也不對路長官負責。）元代也有路，宋代的路大，元代的路小，相當於州府。

・ 省

省，本來是官署的名稱。元代以中書省為中央政府，又在路之上分設行中書省（略等於中書省辦事處或中書省行署），簡稱行省。後來行省成為正式的行政區域名稱，簡稱為省。

・ 府

依唐代制度，大州稱為府，因為這些州都置有都督府或都護府，唐代府隸屬於道，宋代府隸屬於路。（按：唐代的道是監察區。宋代的路是中央派出機構。唐宋的府都直屬朝廷。"隸屬"之說不確。元代的府只有三十多個，其中有路轄府，也有省轄府。省轄府直轄於行省。原書關於"府"的論述有疏漏，這裏我們僅指出，不對原文作改動。）元代的府，有的隸屬於路，有的直轄於中央。明清改州為府（見上文）。

• 軍

軍是宋代的行政區域，一個軍等於一個州或府，直轄於路。宋代的平定軍即清代的平定州，宋代的南安軍即清代的南安府，可見軍和州府是差不多的。

• 縣

縣是地方基層行政區域。秦漢的縣屬於郡（漢代國以下也有縣。），後代的縣屬於州或府。

我們閱讀古書，要注意同名異地的情況。例如山東，戰國時稱六國為山東，這是因為秦都關中，六國在崤（🔊 ngaau⁴ xiáo）山函谷關以東的緣故。所以《戰國策·趙策》說："六國從親以擯秦，秦必不敢出兵於函谷關以害山東矣。"賈誼《過秦論》也說："山東豪俊，遂並起而亡秦族矣。"但是《漢書·儒林傳》說，伏生得《尚書》二十九篇，"以教於齊魯之間，齊學者由此頗能言《尚書》，山東大師亡不涉《尚書》以教"，這裏的山東卻指齊魯一帶。（古代山東山西有就華山而言，有就太行山而言，這裏不細説。）又如江南，《史記·貨殖列傳》説：
"江南豫章長沙"，指今天的湖廣江西一帶。今天的江
南，《史記》卻稱為江東，《史記·項羽本紀》説："縱
江東父兄憐而王我，我何面目見之。"

　　至於具體地名，在不同時代指不同地點，則更為
常見。例如：

　　薊（⟲ gai³ jì），南北朝以前指今北京(舊址在今北京城西
南角)；薊州，唐以後指今河北省薊縣一帶。（薊縣 1973
年由河北省劃歸天津市。[1] 薊州轄境包括現在天津市薊縣和河北省香
河、玉田、豐潤[2]、遵化[3]等縣。）

　　桂林，秦代指今廣西貴縣[4]南，三國時指今梧州
市，西晉時指今柳州市東；桂州在南北朝及唐五代、
桂林府在明清兩代，都指今桂林市。

　　關於古代州郡縣邑的建置、因革及其境域，目前
可查閱商務印書館編印的《中國古今地名大辭典》。

1　2016 年撤薊縣，設薊州區。
2　2002 年豐潤縣劃歸河北省唐山市豐潤區。
3　1992 年成為縣級市。
4　1988 年撤貴縣，設貴港市。

第五章

職官

中國古代的職官，歷代建置不同，其間因革損益，情況複雜。在這個題目下，我們不能全面敍述歷代官制的發展，只能大致談談幾個重要的問題：中央官制，地方官制，品階勛爵等。

中央官制

戰國時代，各國國君之下分設相將，分掌文武二柄。趙惠文王以藺相如為相，以廉頗為將，是人所熟知的例子。《荀子‧王霸》篇說相是“百官之長”，所以《戰國策‧齊策》說：“於是梁王虛上位，以故相為上將軍，遣使者黃金千斤，車百乘，往聘孟嘗君。”楚國最高的長官稱為令尹，次於令尹的是武官上柱國，官號和其他各國不同。

秦代皇帝之下設丞相府、太尉府和御史大夫寺組成中樞機構。丞相稟承皇帝意旨佐理國政；太尉掌全國軍事；御史大夫是皇帝的秘書長兼管監察。丞相官位最高，尊稱為相國，通稱為宰相。漢初沿襲秦制，漢武帝以後，丞相地位雖尊，權力卻逐漸縮小。例如霍光以大司馬大將軍領尚書事，輔理國政，其權勢就遠在丞相之上。西漢末丞相改稱大司徒，太尉改稱大司馬，御史大夫改稱大司空（大司空是主水土之官，和先前御史大夫的職掌不同。），號稱三公（又稱三司），都是宰相。但到東漢光武帝時，"雖置三公，事歸台閣"（見《後漢書‧仲長統傳》），三公只處理例行公事，台閣反而成了實際上的宰相府了。

所謂台閣，是指尚書機構尚書台說的，後世逐漸稱為尚書省。晉稱為尚書都省，劉宋稱為尚書寺，一名尚書省。首長是尚書令，副職是尚書僕射。魏文帝鑒於東漢尚書台的權勢太大，把它改為外圍的執行機構，另外設置以中書監、令為首長的中書省，參掌中樞機密。南北朝時皇帝鑒於中書省權勢日大，又設置以侍中為首長的門下省，對中書省加以限制。這樣，就形成了皇朝中央尚書、中書、門下三省分職的制度：中書省取旨，門下省審核，尚書省執行。隋代避用"中"字，改中書省為內史省，改侍中為納言。在唐高宗、武后和玄宗時，三省名稱曾有幾度改變：尚書省稱中台、文昌台；中書省稱西台、鳳閣、紫微；門下省稱東台、鸞台、黃門。三省首長同為宰相，共議國政。

唐代因為唐太宗曾任尚書令，以後此官不再授人，而以左右僕射為宰相。唐高宗以後左右僕射不再參決大政。唐太宗又認為中書令和侍中的官位太高，不輕易授人，常用他官加上"參議朝政"、"參議得失"、"參知政事"之類的名義掌宰相之職，高宗以後執行宰相職務的稱為"同中書門下三品"、"同中書門下平章事"，宋代簡稱為"同平章事"，以"參知政事"為副相。

宋代中央是中書和樞密院分掌文武二柄，號稱二府。樞密院類似秦代的太尉府，正副首長是樞密使、副使。

宰相一詞最早見於《韓非子》。(《韓非子・顯學》："故明主之吏，宰相必起於州部，猛將必發於卒伍。"又，過去文人常用宰輔、宰衡等以稱宰相，但都不是正式官號。)正式定為官號是在遼代。遼代中樞機構是北、南宰相府，各設左、右宰相。明代廢中書省，皇帝親理國政，以翰林院官員加殿閣大學士銜草擬詔諭。後來大學士逐漸參與大政，成了實際上的宰相，號稱輔臣，首席輔臣有元輔、首輔之稱。清沿明制。到雍正時成立軍機處，大學士就沒有甚麼職權了。

秦漢時中央的行政長官有：(一)奉常，漢初沿用此稱，後來改稱太常，掌宗廟禮儀。(二)郎中令，漢初沿用此稱，後來改稱光祿勛，管宮廷侍衞。(三)衞尉，漢景帝初一度改稱中大夫令，管宮門近衞軍。(四)太僕，管皇帝車馬。(五)廷尉，漢代有時又稱為大理，是最高的法官。(六)典客，漢初沿用此稱，後來又稱大行令、大鴻臚，管理少數民族來朝事宜。(七)宗正，管理皇族事務。(八)治粟內史，漢初沿用此稱，後來又稱大農令、大司農，管租稅賦役。(九)少府，管宮廷總務。以上諸官，後來稱為九卿。九卿之中，廷尉、典客和治粟內史管的是政務，其餘六卿管的是皇帝私人事務。

九卿之外，還有掌管京師治安的中尉(後來稱為執金吾)，以及掌管營建宮室的將作少府(後來稱為將作大匠)，等等。

諸卿各有屬官，這裏不都列舉，只就郎中令(光祿勛)的屬官大夫和郎稍加説明如下：

漢代有太中大夫、中大夫(漢武帝改稱光祿大夫)等。大夫"掌論議"，"無常事，惟詔命所使"，是後世散官的性質（後詳）。

郎是皇帝侍衛官的通稱，有議郎、中郎、侍郎、郎中。議郎掌顧問應對，比較特殊。其他諸郎皆“掌守門戶，出充車騎”。

此外漢武帝又置期門、羽林作為光祿勳的屬官，期門是漢武帝微行時的侍從（《漢書·百官公卿表》注引服虔說：“與期門下以微行，後遂以為官。”王先謙說：“期諸殿門，故有期門之號。”），羽林是宿衛之官（《漢書·百官公卿表》顏師古注：“羽林亦宿衛之官，言其如羽之疾，如林之多也。一說羽所以為王者羽翼也。”），都是郎的一類，所以有期門郎、羽林郎之稱。

附帶説一説漢代的加官，這是本官之外另加的官職。

漢代的加官有侍中、給事中、諸吏等。加侍中就能出入宮禁，成為皇帝的親信。加給事中就能掌顧問應對。加諸吏就能對宮廷官員進行監察和彈劾。後世侍中成為門下省的首長（見前），給事中成為門下省的屬官。

漢代的加官還有中常侍和散騎等。中常侍在禁中侍奉皇帝（東漢改用宦者），散騎是皇帝的騎從，掌"獻可替否"。曹魏時合稱散騎常侍，備皇帝顧問並掌規諫。南北朝散騎常侍是集書省（皇帝的侍從顧問機構）的首長，後世並入門下省。

下面說到六部。

尚書本是九卿中少府的屬官，發展為尚書台後，事務增多，於是分曹治事，每曹設尚書一人，這是後世中央各部的前身。從東漢到南北朝，部曹尚無定制，隋代始定為吏、民、禮、兵、刑、工六部，屬於尚書省。唐避太宗諱，改民部為戶部。此後歷代相承，作為中央行政機構的六部制基本未變。

六部的職掌大致是：

（一）吏部，掌官吏的任免、銓敍、考績、升降等。（二）戶部，掌土地、戶口、賦稅、財政等。（三）禮部，掌典禮、科舉、學校等。（四）兵部，掌全國軍政。（五）刑部，掌刑法、獄訟等。（六）工部，掌工程、營造、屯田、水利等。

各部的首長稱為尚書，副首長稱為侍郎。部下設司，隋唐時每部分為四司，第一司即以本部為名，"佐其長而行政令"，其餘三司各以職掌命名。例如唐代吏部，第一司仍稱吏部，其餘三司為司封、司勛、考功。後代部司有所調整，名稱也不盡相同。司的首長稱為郎中，副首長稱為員外郎。屬官有都事、主事等。

六部仿《周禮》六官，列表對照如下：

六部尚書	《周禮》六官
吏部尚書	天官大宰（冢宰）
戶部尚書	地官大司徒
禮部尚書	春官大宗伯
兵部尚書	夏官大司馬
刑部尚書	秋官大司寇
工部尚書	冬官大司空

（註：杜佑《通典》卷二十三《職官》五說："若參詳古今，徵考職任，則天官大宰當為尚書令，非吏部之任。今吏部之始，宜出夏官之司士。"《周禮·冬官·司空》早亡。後補的《考工記》不足以當《冬官·司空》。）

後世以《周禮》六官作為六部尚書的代稱，如戶部尚書稱為大司徒，禮部尚書稱為大宗伯等。但是吏部尚書則稱冢宰。又清代以戶部掌漕糧田賦，故又稱戶部尚書為大司農。

六部成立，諸卿的職權變小，有的卿由於職務併入有關的部司，後來就裁撤了。

現在說到中央的監察官和諫官。監察官對百官進行糾彈，諫官對皇帝進行規諫。下面分別敍述。

中國古代中央的監察官，可以追溯到戰國時代的御史。御史是記事之官兼糾察之職，秦漢稱為侍御史，秦以御史大夫為侍御史之長。西漢御史大夫是副丞相，由其助手御史中丞領導監察彈劾工作。後來成立監察機構御史台，以御史中丞為首長。御史台又稱憲台，後世或稱肅政台等，所以習慣上把監察官稱為台官。歷代監察官的首長或為御史大夫，或為御史中丞等。明清中央監察機構稱為都察院，首長稱為左、右都御史。歷代管監察的屬官除侍御史外，還有治書侍御史、殿中侍御史、監察御史等，唐避高宗諱，改治書侍御史為持書侍御史，又誤作侍書侍御史。

前人把台官和諫官合稱為台諫。西漢有諫大夫，東漢稱為諫議大夫，是屬於光祿勛的專職諫官。唐代除諫議大夫外，又增設補闕、拾遺，三者各分左右，分屬門下、中書二省。宋代左右補闕改為左右司諫，左右拾遺改為左右正言，後來併入諫院，以左右諫議大夫為首長。隋唐以來，和諫官同居門下省的有給事中，負責審閱各部奏章和封駁中書省所擬的詔旨〔有不合者封還駁回〕，明代給事中負責稽查六部，並兼任前代諫議、補闕、拾遺之職，所以後來俗稱給事中為給諫。清雍正時給事中和御史同屬都察院，這樣，御史也就稱為台諫了。

　　封建皇帝有文學侍從。漢代選文章經術之士待詔金馬門〔金馬門是漢代未央宮門。未央宮門前有銅馬，故名金馬門。〕，或供奉辭賦，或講論六藝羣書，沒有特定的官號。唐初設翰林院，這是文人和卜醫技術待詔的處所，並不是中央機關。唐玄宗以翰林待詔〔後稱翰林供奉〕草擬詔令、應和文章。翰林待詔也是文學侍從的性質。後來另建學士院，入院的稱為翰林學士，專掌皇帝的機密詔令，被認為是"清要顯美"之官。宋代學士院改稱翰林學士院。明清稱為翰林院，但職掌和唐宋有所不同。

侍奉皇帝講讀稱為侍讀、侍講。唐代有集賢院侍讀學士等；宋代有翰林侍讀學士、侍講學士等。宋元以來，皇帝和侍讀、侍講學士以及其他高級官員定期在內廷講論經史，稱為經筵。清代主講經筵者稱為經筵講官。

古有史官。舊說周代太史掌文史星曆兼管國家圖書。秦漢時太史和太卜、太祝等官歸奉常領導。魏晉南北朝設專職史官，一般稱為著作郎。唐代設史館，以他官兼任史館修撰，由宰相監修國史。宋代史館稱為國史實錄院，有修撰、編修、檢討等官。明代史官併入翰林院，仍沿用過去的官號。

中國從古就很重視圖書的收藏和校訂。漢代御史中丞除作為監察官外，還在蘭台掌圖籍秘書，其下有蘭台令史掌校書定字。東漢的秘書監以及後來增設的秘書郎、校書郎都是專管圖書的官員。管理圖書的機構一般稱為秘書省。唐代秘書省一度稱為蘭台，這是因為蘭台是漢宮的藏書之處。唐代內廷有收藏經史子集的弘文館和修寫"御本"的集賢殿書院("御本"是繕寫給皇帝看的），設學士、直學士、修撰、校理等官，並有校書郎、正字等，從事圖書的管理、修撰和校訂。宋代把收藏圖書和編修國史的單位合稱為館閣：館指昭文館、史館和集賢院，閣指秘閣和龍圖、天章等閣。秘閣收藏真本書和古字畫。龍圖、天章等十一閣分藏宋太宗、真宗諸帝的"御書"、"御製文集"等。明代館閣之職併入翰林院，所以翰林院也就稱為館閣了。

宋代龍圖、天章諸閣各置學士、直學士和待制，其職掌是備皇帝顧問、參與論議或校訂圖書。後來這類閣學士成了朝臣外補(外調)時的"加恩兼職"，並不擔任上述職務。宋代又有殿學士，這是授予舊相、輔臣的"職名"，有觀文殿大學士、學士，資政殿大學士、學士，端明殿學士。這類殿學士和閣學士都是表示優寵的虛銜。

古代有博士、助教等官。秦漢時博士掌通古今、備顧問。漢文帝時，《論語》、《孝經》、《孟子》、《爾雅》皆立博士，漢武帝設五經博士並置博士弟子學習經術。漢代博士是太常的屬官，所以有太常博士之稱，以聰明威重者一人為博士祭酒。（祭酒的本義是在大饗宴時以年老賓客一人舉酒祭祀地神，引申為對同輩或同官中年高望重者的尊稱，後用為官名，如國子祭酒等。）魏晉以後歷代所設的太常博士只是禮官的性質，和作為教官的國子博士、太學博士等職掌不同。晉代以博士為國子學和太學的教官（國子學是高級官員子弟的學校，太學是一般官員和庶民俊秀子弟的學校。），並設助教作為博士的副職，後代沿置，直到明清中央教育機構國子監還有博士和助教。北魏以後地方教官一度也稱為博士、助教。

附帶說一說教授。宋代府州開始設教授，負責教誨所屬生員。明清府學設教授，州學設學正，縣學設教諭，各以訓導作為副職。至於地方最高的教育行政長官，宋代各路一度設過提舉學事司，這是清代各省提督學政的前身。

最後談談武官。

春秋時已有將軍稱號。戰國有大將軍，後來又有左右前後將軍，秦漢沿置。漢代還有驃騎將軍、車騎將軍、衛將軍，地位都很高。此外還有臨時設置的將軍，例如對匈奴作戰則置祁連將軍，對大宛作戰則置貳師將軍等。漢代略次於將軍的是校尉，各依職掌命名。例如掌騎士的稱為屯騎校尉，掌西域屯兵的稱為戊己校尉等。魏晉以後，將軍和校尉名目繁多，其中不少是虛銜，如雲麾將軍、振威校尉等，這裏不細說。

地方官制

春秋時的地方行政單位有邑縣。邑縣的長官，魯衞稱宰，晉稱大夫，楚稱令尹。戰國時有郡有縣。郡的長官為守，掌軍事為主；縣的長官為令，掌民政為主。後來以郡領縣，形成郡縣二級的地方行政單位。

秦漢萬戶以上的縣，長官稱令；不及萬戶的縣，長官稱長。縣丞助理縣政，縣尉掌管治安。隋唐縣的長官統稱令。宋代派中央官員出掌縣政則稱為"知某某縣事"，簡稱知縣。明清沿用知縣之稱，元代則稱為縣尹。歷代縣有諸曹掾史，各有不同職掌。

秦漢縣以上的行政單位是郡。秦代郡的行政長官是郡守，掌軍事的是尉，掌監察的是監御史，簡稱為監。郡丞是郡守的佐貳。漢代郡守改稱太守，後因兼領軍事，所以有郡將之稱。郡的屬官除諸曹外還有督郵、主簿等。督郵舉察屬縣官吏的功罪善惡，並督治地方豪強奸惡，主簿主管文書簿籍。督郵職權很重，唐以後始廢。古代官署一般都設主簿，宋以後縣的主簿和丞尉同為縣令(知縣)的助理。

漢代和郡平行的還有"國"，這是皇帝子弟的封地，設官初仿中央，吳楚七國之亂後加以裁削，由中央派相處理行政(魏晉南北朝改稱內史)。相和太守相當，都是二千石的官(漢制以俸祿多少作為職官等級的標誌，二千石的官月俸120斛。)，所以漢代往往用二千石作為"郡國守相"的代稱。

漢武帝時全國分為十幾個監察區，稱為州或部，每州置刺史一人(後或稱為牧)監察所屬郡國。京師所在的州置司隸校尉，略如刺史。刺史有別駕從事史、治中從事史等屬官。別駕隨刺史出巡，治中"主眾曹文書"。(杜佑《通典》卷三十二《職官》十四說："治中從事史一人，居中治事，主眾曹文書，漢制也。")東漢戰爭頻仍，刺史或州牧都掌兵權。魏晉南北朝刺史多帶將軍稱號，並允許成立軍府，自置僚屬，權勢很大。不加將軍稱號的稱為單車刺史，多由庶姓充任。又，晉代郡守也多加將軍稱號。這樣，刺史就有兩套屬官，一套是屬於監察系統的別駕、治中等，一套是屬於軍事系統的長史、司馬、參軍等。

隋唐縣以上的行政單位是州或郡。稱州時長官是刺史，稱郡時長官是太守（首都或陪都所在的州稱為府，有尹、少尹等官。），刺史實際上等於太守。古人把刺史或太守稱為使君，柳宗元為永州刺史韋公寫了《永州韋使君新堂記》，文章最後說“編以為二千石楷法”，這裏二千石是襲用漢代郡國守相的稱呼，其實是指當時州的行政長官刺史說的。刺史既然成了行政長官，那麼前代刺史的兩套屬官的稱號也就參用為行政系統的官號了。（《舊唐書·高宗紀》載貞觀二十三年〈公元 649 年〉七月改諸州治中為司馬，別駕為長史。）了解了這一點，就會知道隋唐州郡的司馬其實是不掌武事的。

唐代中央對地方的監察起初是派員出巡各州，稱為黜陟使（有權罷免或擢〈粵 zok⁶ zhuó〉升地方官吏。黜，粵 ceot¹ chù；陟，粵 zik¹ zhì）。後來全國分為若干道，每道派京官一人巡察所屬州縣，先後稱為巡察使、按察使、採訪處置使、觀察使。唐代又每聚邊境數州為一鎮，設節度使，兼度支、營田、觀察等使，總攬一方軍政、民政、財政和監察大權。觀察使、節度使有判官、掌書記、推官等屬官。節度使初設於邊防重鎮，後來內地普遍設置，形成藩鎮割據的局面。宋代廢藩鎮制度，節度使只是優寵將帥大臣和宗室勛戚的虛銜。另分全國為若干路，各路設轉運使等官，掌一路財賦等事。

宋代縣以上的行政單位是州，州政由中央派員前往管理，稱為"知某州軍州事"（"軍"指地方軍隊，"州"指民政。），簡稱知州。州有通判，號稱監州官，不似後世一般的副職。州的屬官有判官管行政，有推官管司法。和州平行的還有府、軍、監，設官和州大致相同。

宋代沒有太守，刺史也是虛銜。歐陽修知滁州時寫《醉翁亭記》提到太守，寫《豐樂亭記》提到刺史，都是沿用前代的舊稱。

元代地方最高行政機構是行中書省，體制類似中央，也有丞相、參知政事等官。明初沿襲元制，後改稱承宣布政使司，簡稱布政司，但習慣仍稱為"省"，長官為左右布政使，掌一省之政。明代有戰事時，派朝臣出巡地方，處理軍務，稱為巡撫。遇有軍事問題牽連幾省，巡撫不能解決時，則派總督處理。總督巡撫都是臨時差使，不算正式地方官。清代總督巡撫才成為固定的"封疆大吏"，巡撫是省級的最高長官，總督則總攬一省或兩三省的軍民要政。這樣，布政使就只管財政和人事，成了督撫的下屬了。

明清一省分為數道，道下有府有州。府州的長官
稱為知府、知州。其佐貳，府有同知、通判等，州有
州同(同知)、州判等。有兩種州：直隸州略等於府；散
州隸屬於府，和縣相當。

品階勛爵

- ### 品

古代把職官分為若干等級，通稱為品。漢代以祿石
多寡作為官位高低的標誌，例如九卿是中二千石，刺史
太守之類是二千石，縣令是千石到六百石，祿石不同，
月俸收入不同。曹魏時職官分為九品，一品最高，九品
最低。隋唐時九品又分正從，自正四品起，每品又分上
下二階，共有三十級。明清加以簡化，九品只各分正
從，共十八級。隋唐時九品以內的職官稱為流內，九品
以外的職官稱為流外。流外官經過考銓轉授流內官，唐
代稱為入流。清代不列入九品之內的官稱為未入流。

中國古代文化常識

．階

隋代把有職務的官稱為職事官，沒有職務的官稱為散官。唐代把前代散官官號加以整理和補充，並重新規定品級，作為標誌官員身份級別的稱號，稱為階，通稱為階官。例如文官階是：從一品稱開府儀同三司，正二品稱特進，從二品稱光祿大夫，等等。六品以下的文官階稱郎，例如正六品上稱朝議郎，正六品下稱承議郎，等等。唐代又採取前代各種將軍和校尉的官號作為武官階，這裏不再敘述。後來宋元明清都有階官，只是名稱和品級不盡相同而已。

唐宋時一個人在某一時期的階官品級和當時所任的職事官的品級不一定相同。階官高於職事官，則在職事官上加"行"字，階官低於職事官，則在職事官上加"守"字，階官比職事官低二品則加"試"字。

．勛

唐代又採取前代某些散官官號略加補充作為酬賞軍功的勛號，稱為勛，通稱為勛官。有上柱國、柱國、上護軍、護軍、輕車都尉、驍騎尉等等，共十二級。後代沿襲唐制，只是品級略有不同。明代有文勛武勛，武官勛號和前代基本相同，文官勛號除"柱國"外還有正治卿、資治尹之類。清代勛和爵就合而為一了。

• 爵

舊説周代封爵有公侯伯子男五等。漢代封爵實際上只有王侯二等。皇子封王，相當於先秦的諸侯，所以通稱諸侯王。漢初異姓也封王，後來"非劉氏不王"，異姓受封者通稱列侯。漢武帝以後，諸侯王得在王國境內分封庶子為侯，也是列侯性質（稱為王子侯）。漢代列侯食邑一般是縣，有的是鄉、亭，視所食戶數多寡而定，所以後來有鄉侯、亭侯之稱。三國以後，歷代封爵制度不盡相同，但是同姓封王基本一致，異姓則一般封為公侯伯子男。異姓也有封王的，例如楊堅（隋文帝）初仕北周，封隨公，後來封為隨王。李淵（唐高祖）初仕隋，封唐公，後來封為唐王。唐代郭子儀有軍功，封為汾陽王。晉宋以後，爵號加"開國"字樣以示尊貴，例如樂安郡開國公，曲阜縣開國子，稱為開國爵。不加"開國"的稱為散爵。封地雖説有郡有縣，但是後來都成了虛名，宋代所謂食邑若干戶，食實封若干戶，並不表示實際的賦稅收入。[1] 明清皇室封爵和異姓封爵不同，這裏不再細説了。

1　之後有研究稱，食實封若干戶在宋代早期表示實際的賦税收入。

我們閱讀古書，有必要了解古人記錄時間的規
則，下面就古代的紀日法（包括一天之內的記時法）、紀月法
以至紀年法分別而以敍述。

古人用干支紀日，例如《左傳·隱公元年》"五月
辛丑，大叔出奔共"。干支天干，即甲乙丙丁戊己庚辛
壬癸；支即地支，即子丑寅卯辰巳午未申酉戌亥。十
干和十二支依次組合，得出甲子、乙丑、丙寅……如下：

第六章

科舉

古有鄉舉里選之說。《周禮·地官·鄉大夫》講到三年舉行一次"大比"（先秦士以上階層世襲，士以下靠選舉，這就是"大比"。），以考查鄉人的"德行道藝"，選拔賢能的人才。《禮記·王制》提到"鄉論秀士"，經過逐級選拔，有所謂俊士、進士等名稱。《禮記·射義》還提到諸侯貢士於天子。這些說法雖然不能證明先秦確有貢舉制度，但是後世科舉制度上的一些做法和用語，有的是從這裏來的。

漢代為了選拔統治人才，有察舉的制度。漢高祖下過求賢詔，漢文帝也曾下詔察舉賢良方正直言極諫之士，漢武帝又詔令天下察舉孝廉和茂材。茂材就是秀才（優秀的人才），據說後因避東漢光武帝諱才改稱茂才的。（《史記·屈原賈生列傳》張守節《正義》引應劭云："避光武改茂才也。"）漢昭帝以後，舉士包括多方面的人才。東漢承襲舊制。一般說來，西漢以舉賢良為盛，東漢以舉孝廉為盛。但是東漢桓帝靈帝以後，"舉秀才，不知書；察孝廉，父別居"。（見《抱朴子·審舉》。秀才本應賢良，而連字都不認得；孝廉本應孝廉，而察舉的卻是與父不同居的不孝之子。）可見當時的察舉已經很濫了。

漢代被薦舉的吏民經過皇帝"策問"後按等第高下授

官。有所謂"對策"和"射策"。"對策"是將政事或經義方面的問題寫在簡策上發給應舉者作答;"射策"則類似抽籤考試,由應舉者用矢投射簡策,並解釋射中的簡策上的疑難問題。(見《漢書・蕭望之傳》顏師古注、《唐摭〈^圖 zek³ zhí〉言》卷一。但是《文心雕龍・議對》篇說,射策是"言中理準,譬射侯中的",這是對射策的另一種解釋。)後來"策問"的形式定型化了,所以後世把它看成為一種文體,蕭統《文選》稱之為"文"。(《文選》著錄了王融、任昉所擬的策秀才文共十三首。)"對策"也被認為是一種文體,簡稱為"策",劉勰《文心雕龍・議對》篇說是"議"的別體。漢代董仲舒的對賢良策,是這種文體的名篇。至於"射策",後來則成了一個典故,杜甫《醉歌行》說:"只今年才十六七,射策君門期第一",就是在應舉考試的意義上運用這個典故的。

魏晉以後,地方察舉孝廉、秀才的制度基本未廢。所以李密《陳情表》說:"前太守臣逵,察臣孝廉;後刺史臣榮,舉臣秀才。"魏晉南北朝有所謂九品官人法,各州郡都設中正官負責品評當地人物的高低,分為上上、上中直到下下九品。這種制度本來是為了品評人才的優劣,以便選人授官,但是後來由於擔任中正的都是"著姓士族",人物品評全被豪門貴族所操縱,"上品無寒門,下品無士族",九品實際上成了門第高低的標誌了。

隋廢九品中正，設進士、明經二科取士。唐承隋制，並增設明法、明字、明算諸科，而以進士、明經二科為主。進士科重文辭，明經科重經術。唐高宗、武則天以後，進士科最為社會所重，參加進士科考試被認為是致身通顯的重要途徑。進士科以考詩賦為主，此外還考時務策等。詩賦的題目和用韻都有一定的規定。詩多用五言六韻（近代變為五言八韻），有一定的程式，一般稱為試帖詩。例如韓愈的《學諸進士作精衛衛石填海》一詩，就是這種體裁的作品。

唐代取士由地方舉送中央考試，稱為鄉貢。被舉送應試的人通稱為舉人。唐人常說"舉進士"，例如韓愈《諱辯》說："愈與李賀書，勸賀舉進士"，意思是應舉參加進士科的考試，這種人在唐代就稱為進士。韓愈《送孟秀才序》說："京師之進士以千數，其人靡所不有"，就是指當時應舉參加進士科考試的人說的。唐初設有秀才科，不久即廢，但是唐人後來仍通稱應進士科考試的人為秀才（見李肇《唐國史補》卷下）。由此可見，唐代進士、舉人和秀才的概念與後世不同（參看下文清代的科舉制度）。

唐代中央主持科舉考試的機關是禮部，考官通常由禮部侍郎擔任，稱為知貢舉。唐初考官由吏部考功員外郎擔任，開元中改由禮部侍郎擔任。禮部侍郎缺人，由他官主考，稱為權知貢舉。唐人有關科舉考試的文章常常講到有司、主司等，都指考官而言。參加進士科考試要請當世顯人向考官推薦獎譽，才有及第（及格）的希望。及第以後稱考官為座主、為恩門，對座主則自稱門生。同科及第的人互稱為同年。

唐人進士及第第一名稱為狀頭或狀元。同榜的人在長安慈恩寺雁塔題名，稱為題名會。宴會於曲江亭子，稱為曲江會。又遍遊名園，以同榜少年二人為“探花使”，探採名花。

唐人進士及第後尚未授官稱為前進士，還要參加吏部“博學宏詞”或“拔萃”的考選，取中後才授予官職。（《新唐書・選舉志》：“選未滿而試文三篇謂之宏辭，試判三條謂之拔萃，中者即授官。”）韓愈《柳子厚墓誌銘》說，柳宗元“雖少年，已自成人，能取進士第”，“其後以博學宏詞，授集賢殿正字”。白居易進士及第後，因為取中“拔萃”，所以授秘書省校書郎。韓愈雖然進士及第，但是由於應吏部考選未中，未能得官。為此，韓愈以“前鄉貢進士”的名義三次上書宰相求仕。

以上所説的進士、明經等科通常每年都舉行考試。此外唐代還有所謂制舉，這是由皇帝特詔舉行的考試，據説是要選拔特殊的人才。無論取中進士、明經等科與否，都可以應制舉。考期不固定，科目由皇帝臨時決定，有賢良方正能直言極諫科，才識兼茂明於體用科，文辭秀逸科，風雅古調科等等，前後不下百十種。這些稱為制科。唐代博學宏詞科本來也是制科，開元十九年(公元 731 年)以後改為吏部選人的科目，每年舉行考試(見上文)。(參看徐松《登科記考》凡例、卷五、卷七。)宋代制舉恢復博學鴻詞科，直到清代還有博學鴻詞科。

宋代最初也以進士、明經等科取士。宋神宗時王安石建議廢明經等科，只保留進士科。進士科不考詩賦而改試經義，此外仍考論策(後來也間或兼考詩賦)。禮部考試合格後，再由皇帝殿試復審，然後分五甲(五等)放榜，授予官職。

明清兩代的科舉制度大致相同。下面只就清代的科舉制度加以簡單的敍述。

清人為了取得參加正式科舉考試的資格，先要參加童試，參加童試的人稱為儒童或童生，錄取“入學”後稱為生員(清代有府學、州學和縣學，統稱為儒學。儒學和孔廟在一起，稱為學宮。生員“入學”後即受教官〈教授、學正、教諭、訓導〉的管教。清初生員尚在學宮肄業，有月課和季考，後來變成有名無實了。)，又稱為庠(⑧ coeng⁴ xiáng)生，俗稱秀才。這是“功名”的起點。

生員分為三種：成績最好的是廩生，有一定名額，由公家發給糧食；其次是增生，也有一定名額；新“入學”的稱為附生。(廩生是廩膳生員的簡稱，明初生員每人每月皆由公家給糧食，所以稱為廩生。後來名額增廣，在增廣名額中的生員稱為增廣生員，簡稱增生，增生不廩糧。明代府學縣學之外還有附學生員，簡稱為附生，清代沿用明代的舊稱。)每年由學政考試，按成績等第依次升降。

正式的科舉考試分為三級：(1)鄉試，(2)會試，(3)殿試。

鄉試通常每三年在各省省城舉行一次，又稱為大比。由於是在秋季舉行，所以又稱為秋闈。參加鄉試的是秀才(庠生)，但是秀才在參加鄉試之前先要通過本省學政巡迴舉行的科考，成績優良的才能選送參加鄉試。(由捐納而取得監生〈國子監生員〉資格的〈所謂例監〉，也可以參加鄉試。)鄉試取中後稱為舉人，第一名稱為解元。

會試在鄉試後的第二年春天在禮部舉行，所以會試又稱為禮闈、春闈。參加會試的是舉人，取中後稱為貢士，第一名稱為會元。會試後一般要舉行複試。

以上各種考試主要是考八股文和試帖詩等。八股文題目出自四書五經，略仿宋代的經義，但是措辭要用古人口氣，所謂代聖賢立言。結構有一定的程式，字數有一定的限制，句法要求排偶，又稱為八比文、時文、時藝、制藝。

殿試是皇帝主試的考試，考策問。參加殿試的是貢士，取中後統稱為進士。殿試分三甲錄取。第一甲賜進士及第，第二甲賜進士出身，第三甲賜同進士出身。第一甲錄取三名，第一名俗稱狀元，第二名俗稱榜眼，第三名俗稱探花，合稱為三鼎甲。第二甲第一名俗稱傳臚。

狀元授翰林院修撰，榜眼、探花授翰林院編修。其餘諸進士再參加朝考，考論詔、奏議、詩賦，選擅長文學書法的為庶吉士，其餘分別授主事(各部職員)、

中國古代文化常識

知縣等。(實際上，要獲得主事、知縣等職，還須經過候選、候補，有終身不得官者。)庶吉士在翰林院內特設的教習館(亦名庶常館)肄業三年期滿後舉行"散館"考試，成績優良的分別授翰林院編修、翰林院檢討(原來是第二甲的授翰林院編修，原來是第三甲的授翰林院檢討)，其餘分發各部任主事，或分發到各省任知縣。

附帶說一說貢生。清代有歲貢、恩貢、拔貢、副貢。每一年或兩三年由地方選送年資長久的廩生入國子監肄業的，稱為歲貢。逢國家慶典進貢的生員，稱為恩貢。每三年各省學政就本省生員擇優保送國子監的，稱為優貢。每十二年各省學政考選本省生員擇優保送中央參加朝考合格的稱為拔貢。鄉試取入副榜直接送往國子監的稱為副貢。

科舉還有武科一類。唐朝武則天時代就開始有武舉了，後代相沿，直到清代還有武科考試，這裏不細說了。

科舉是封建時代最高統治階層收買士人為之服務的一種手段，漢代的察舉也是同樣的性質。封建皇帝並不隱諱這一點。漢高祖十一年(公元前196年)下詔說：

"賢士大夫有肯從我遊者，吾能尊顯之。"（見《漢書・高帝紀》）漢武帝元封五年（公元前106年）下詔說："夫泛駕之馬，跅弛之士，亦在御之而已。"（見《漢書・武帝紀》。跅弛，放任無檢束。）《唐摭言》記載唐太宗"嘗私幸端門，見新進士綴行而出，喜曰：'天下英雄入吾彀中矣。'"（見《唐摭言》卷一《述進士上篇》）知識分子熱衷於功名利祿者，把科舉當作入仕的途徑，因此也就甘心受人收買和籠絡，雖老死於科場亦無所恨。"太宗皇帝真長策，賺得英雄盡白頭"（見《唐摭言》卷一《散序進士》），一千多年以前，早就有人揭露了科舉制度的實質了。

第七章

姓名

上古有姓有氏。姓是一種族號，氏是姓的分支。不少古姓如姜姬姚嬴姒等都加女旁，這暗示先民曾經經歷過母權社會。後來由於子孫繁衍，一族分為若干分支散居各地，每支有一個特殊的稱號作為標誌，這就是氏。（按：以上所說有待未來考古學澄清其錯誤。我們這裏僅指出，對原文不作改動。）例如舊說商人的祖先是子姓，後來分為殷、時、來、宋、空同等氏。這樣，姓就成了舊有的族號，氏就成了後起的族號了。《通鑒外紀》說："姓者統其祖考之所自出，氏者別其子孫之所自分"，可見姓和氏是既有區別又有聯繫的。

周代的姓氏制度和封建制度、宗法制度有密切聯繫。貴族有姓氏，一般平民沒有姓氏。貴族中女子稱姓，男子稱氏，這是因為氏是用來"明貴賤"的，姓是用來"別婚姻"的，二者的作用不同。

周王室及其同姓封國如魯晉鄭衛虞虢（粵 gwik¹ guó）吳燕等國都是姬姓；異姓封國如齊是姜姓，秦是嬴姓，楚是芈（粵 mei⁵ mǐ）姓，宋是子姓，越是姒姓，等等。上古同姓不婚，貴族婦女的姓比名更為重要，待嫁的女子如果要加以區別，則在姓上冠以孟（伯）仲叔季，表示排行。例如：

孟姜　伯姬　仲子　叔姬　季芈

出嫁以後如果要加以區別，就採用下列幾種方法：

1. 在姓上冠以所自出的國名或氏。例如：

齊姜　晉姬　秦嬴　陳嬀　國姜（國，氏。）

2. 嫁給別國的國君，在姓上冠以配偶受封的國名。例如：

秦姬　芮姜　息嬀　江芈

3. 嫁給別國的卿大夫，在姓上冠以配偶的氏或邑名。例如：

趙姬（趙衰妻）　　孔姬（孔圉妻）
秦姬（秦遄妻）　　棠姜（棠公妻；棠，邑名。）

4. 死後在姓上冠以配偶或本人的謚號（謚號，下文就要講到）。例如：

武姜（鄭武公妻）　　昭姬（齊昭公妻）
共姬（宋共公妻）　　敬嬴（魯文公妃）
文姜（魯桓公妻）　　齊歸（魯昭公母）

氏的情況比較複雜。諸侯以受封的國名为氏。（此從舊說。顧炎武《亭林文集》卷一《原姓》篇認為國君無氏，不稱氏，稱國。）例如：

鄭捷（鄭文公）　　蔡甲午（蔡莊公）
齊環（齊靈公）　　宋王臣（宋成公）

卿大夫及其後裔則以受封的邑名為氏。例如：

屈完　知罃　羊舌赤　解（粵 haai⁶ xiè）狐

或以所居的地名為氏。例如：

東門襄仲　北郭佐　南宮敬叔　百里孟明視

或以官名為氏。例如：

卜偃　祝鮀　司馬牛　樂（粵 ngok⁶ yuè）正克

古人還有以祖先的字或謚號為氏的。例如：

孔丘（宋公孫嘉之後，嘉字孔父）
仲孫閱（魯公子慶父之後，慶父字仲）
叔孫得臣（魯公子牙之後，牙字叔）

季孫肥（魯公子友之後，友字季）

莊辛（楚莊王之後）

此外還有以技為氏的，如巫、陶、甄等。

關於姓氏，有幾點需要提出來説一説。

第一，上古稱呼婦女可以在姓下加“氏”字。例如武姜被稱為姜氏，敬嬴被稱為嬴氏，驪姬被稱為姬氏，等等。

第二，在某些情況下，族和氏是同義詞。《春秋·成公十四年》：“叔孫僑如如齊逆女”，《左傳》説：“稱族，尊君命也。”《春秋》在下文説：“僑如以夫人婦姜氏至自齊”，《左傳》説：“舍族，尊夫人也。”這裏所謂稱族、舍族，指的是稱叔孫，不稱叔孫，可見族就是氏。《戰國策·秦策》：“昔者曾子處費，費人有與曾子同名族者而殺人”，這裏的族也就是氏的意思。

第三，戰國以後，人們以氏為姓，姓氏逐漸合而為一，漢代則通謂之姓（參看顧炎武《日知錄》卷二十三。錢大昕《十駕齋養新錄》卷十二“姓氏”條則認為“蓋三代以前，姓與氏分；漢魏以後，姓與氏合"。），並且自天子以至於庶人就都能有姓了。

第四，後世有非漢族的複姓。例如長孫、万俟（⊕ mak⁶ kei⁴ mò qí）、宇文、慕容、賀蘭、獨孤、拓跋、尉遲（⊕ wat¹ ci⁴ yù chí）、呼延、禿髮、乞伏、僕固、哥舒，等等。

古人有名有字。舊説上古嬰兒出生三月後由父親命名。男子二十歲成人舉行冠禮（結髮加冠）時取字，女子十五歲許嫁舉行笄（⊕ gai¹ jī）禮（結髮加笄）時取字。名和字有意義上的聯繫。例如屈原，名平，字原。（《爾雅·釋地》："廣平曰原。"）又如顏回，字子淵。（《説文》："淵，回水也。"回是旋轉的意思。）有的名和字是同義詞，例如宰予，字子我；樊須，字子遲（須和遲都有待的意思）。有的名和字是反義詞，例如曾點，字皙。（《説文》："點，小黑也。"引申為污的意思。又："皙，人色白也。"）有時候我們看不出名和字的聯繫，這主要是因為語義變遷的緣故。

周代貴族男子字的前面加伯仲叔季表示排行，字的後面加"父（⊕ fu² fǔ）"或"甫"字表示性別，這樣構成男子字的全稱。例如：

伯禽父　　仲山甫　　仲尼父　　叔興父

有時候省去"父"（甫）字，例如：

伯禽　　仲尼　　叔向　　季路

有時候省去排行，例如：

禽父　　尼父　　羽父

有時候以排行為字，例如管夷吾字仲，范雎字叔，魯公子友字季，不過這種情況比較少見。

　　周代貴族女子字的前面加姓，姓的前面加孟（伯）仲叔季表示排行，字的後面加"母"或"女"字表示性別，這樣構成女子字的全稱。例如孟妊車母（見《鑄公簠》），中姞義母（見《仲姞匜》，中即仲字），等等。有時候省去"母"字，例如季姬牙（見《魯大宰原父盤》）；有時候省去排行，例如姬原母（見《應侯簋》）；有時候單稱"某母"或"某女"，例如壽母（見《魯生鼎》），帛女（見《帛女鬲》）。但是最常見的是在姓上冠以排行，例如孟姜、叔姬、季芈，等等（見前）。

春秋時男子取字最普通的方式是在字的前面加上
"子"字，這是因為"子"是男子的尊稱。例如：

子產(公孫僑)　　子犯(狐偃)　　子胥(伍員)

子淵(顏回)　　　子有(冉求)　　子夏(卜商)

子我(宰予)　　　子貢(端木賜)

這個"子"字常常省去，直接稱顏淵、冉有、宰我，等
等。

附帶說一說，古人名字連着說的時候，通常是先
稱字，後稱名。(漢代以後，也可以名在前，字在後。例如《漢
書》卷七十二有唐林〈名〉子高〈字〉、唐尊〈名〉伯高〈字〉；又王安
石《遊褒禪山記》有蕭君圭〈名〉君玉〈字〉等。)例如孟明(字)視
(名)、孔父(字)嘉(名)、叔梁(字)紇(名)，等等。

古人尊對卑稱名，卑自稱也稱名；對平輩或尊輩
則稱字。(稱字不是最尊敬的方式，最尊敬的方式是不稱名也不稱
字。例如孔子，在《論語》二十篇中只有《子張》篇稱孔子為仲尼。)
試以《論語》為例。孔子自稱為丘，這是謙稱。孔子對
弟子稱名，例如：

求，爾何如？(《論語·先進》)

赤，爾何如？(同上)

弟子自稱也稱名,例如:

> 由也為之,比及三年,……(《論語‧先進》)
>
> 求也為之,比及三年,……(同上)

弟子當着老師稱呼其他弟子也稱名,例如:

> 夫子何哂由也?(《論語‧先進》)

記錄《論語》的人對孔門弟子一般都稱字,例如:

> 顏淵、季路侍。(《論語‧公冶長》)
>
> 子路、曾皙、冉有、公西華侍坐。(《論語‧
>
> 先進》)

只有對曾子稱子不稱字,對有若也有一次稱子不稱
字,所以有人推想《論語》是曾子和有若的門人所記
的。直到後代稱名、稱字基本上還是依照這個標準。

後人通常用兩個字為字,例如諸葛亮字孔明,陸
機字士衡,鮑照字明遠,等等。除名和字外,還有別
號(別字)。別號和名不一定有意義上的聯繫。這大致
可以分為兩類:第一類是三個字以上的別號,例如葛
洪自號抱朴子,陶潛自號五柳先生,蘇軾自號東坡居

士;第二類是兩個字的別號,例如王安石字介甫,別號半山,陸游字務觀,別號放翁。兩個字的別號和字在應用上沒有甚麼顯著的區別,甚至不大稱字,反而以稱號為常(如陸放翁)。三個字以上的別號有時候也可以壓縮為兩個字,例如蘇東坡。

後來有人以為稱字稱號還不夠尊敬,於是稱官爵,稱地望(出生地或住地),例如杜甫被稱為杜工部,王安石被稱為王臨川。

此外,唐代詩文還常常見到以排行相稱,或以排行和官職連稱,例如白居易被稱為白二十二,李紳被稱為李二十侍郎。唐代女子也有被稱為廿幾娘的。這種排行是按照同曾祖兄弟的長幼次序來排算的,並不是同父所生的兄弟排行,這是值得注意的。

古代帝王、諸侯、卿大夫、高官大臣等死後,朝廷根據他們的生平行為給予一種稱號以褒貶善惡,稱為諡或諡號。據說諡號是死者生前事跡和品德的概括,其實,這往往是虛偽的,不符合事實的。但是一個人有了諡,就等於在名字之外又多了一個別名了。

諡法是給予諡號的標準。諡號是固定的一些字，這些字被賦予特定的涵義，用來指稱死者的美德、惡德等。諡號大致可以分為三類：

1. 表揚的，例如：

經緯天地曰文   布義行剛曰景

威強叡德曰武   柔質慈民曰惠

聖聞周達曰昭   聖善聞周曰宣

行義悦民曰元   安民立政曰成

布綱治紀曰平   照臨四方曰明

辟土服遠曰桓   聰明睿知曰獻

温柔好樂曰康   布德執義曰穆

2. 批評的，例如：

亂而不損曰靈   好內遠禮曰煬

殺戮無辜曰厲

（"靈"是無道昏君的諡號，所謂"亂而不損"，只是帶着隱諱的說法。晉靈公不君，所以諡為靈公。）

3. 同情的，例如：

恭仁短折曰哀　　　在國遭憂曰愍
慈仁短折曰懷

上古謚號多用一個字，也有用兩三個字的，例如：

周平王　　　鄭武公　　　齊桓公
秦穆公　　　魏安釐王　　趙孝成王
貞惠文子

後世謚號除皇帝外，大多用兩個字，例如：

宣成侯(霍光)　　　忠武侯(諸葛亮)
文忠公(歐陽修)　　武穆王(岳飛)

　　此外還有私謚，這是有名望的學者死後其親友門人所加的謚號。例如東漢時陳寔死後，海內赴弔者三萬餘人，謚為文范先生；晉代陶淵明死後，顏延年為他作誄(⊜ loi⁶ lěi)，謚為靖節徵士；宋代張載死後，門人謚為明誠夫子。

　　封建皇帝在謚號前面還有廟號。從漢代起，每個朝代的第一個皇帝一般稱為太祖、高祖或世祖，以後的嗣君則稱為太宗、世宗，等等。（嗣君也有稱世祖、太祖的，這有別的原因，這裏沒有必要敘述。又，漢代不是每個皇帝都有廟號的，要"有功"、"有德"的才被稱為"祖"、"宗"。南北朝時稱"宗"已濫，到唐代就無帝不"宗"了。）舉例來說，漢高祖的全號是太祖高皇帝，漢文帝的全號是太宗孝文皇帝（漢惠帝以後一律加一個"孝"字，算是諡號的一部分。），漢武帝的全號是世宗孝武皇帝，魏文帝的全號是世祖文皇帝，隋文帝的全號是高祖文皇帝，等等。

從唐代起，皇帝還有尊號，這是生前奉上的。（尊號起於唐武后中宗之世。見司馬光《司馬文正集》中的《請不受尊號箚子》。）例如唐玄宗開元二十七年（公元 739 年）受尊號為開元聖文神武皇帝，宋太祖乾德元年（公元 963 年）受尊號為應天廣運仁聖文武至德皇帝。尊號可以上好幾次，都是尊崇褒美之詞，實際上是阿諛奉承。（帝后也有尊號，後來稱為徽號。例如清代同治尊自己的生母那拉氏為聖母皇太后，上徽號曰慈禧。徽號可以每逢慶典累加，所以那拉氏的徽號積累有慈禧等十六個字。）也有死後上尊號的，例如唐高宗死後，到天寶十三載（公元 754 年）上尊號為神堯大聖大光孝皇帝。這種死後所加的尊號也可以說是諡號，這樣，諡號的字數就加多了。唐以前對歿世的皇帝簡稱諡號（如漢武帝、隋煬帝），不稱廟號；唐以後由於諡號加長，不便稱呼，所以改稱廟號（如唐玄宗、宋太祖）。

年號，是封建皇帝紀年的名號。年號是從漢武帝開始有的，漢武帝即位的一年（公元前 140 年）稱為建元元年，第二年稱為建元二年，等等。新君即位必須改變年號，稱為"改元"。同一皇帝在位時也可以改元，例如漢武帝曾經改元為元光、元朔、元狩、元鼎、元封、太初、天漢、太始、征和（有人說征和當作延和，形近而誤。）等。明清兩代的皇帝基本上不改元，因此有可能用年號來稱謂皇帝，例如明世宗被稱為嘉靖皇帝，清高宗被稱為乾隆皇帝，等等。

　　最後簡單地談談避諱的問題。

　　所謂避諱就是不直稱君主或尊長的名字，凡遇到和君主尊長的名字相同的字面，則用改字、缺筆等辦法來迴避，其結果往往造成語文上的若干混亂。（避諱起源於秦以前，漢初尚寬，後來漸漸嚴格起來。）

　　試舉一些例子：

　　漢高祖名邦，"邦"改為"國"。《論語·微子》"何必去父母之邦"，漢石經殘碑作"何必去父母之國"。

漢文帝名恆，"恆"改為"常"。恆山被改為常山。

唐太宗名世民，"世"改為"代"或改為"系"，"民"改為"人"。"三世"稱為"三代"，《世本》改稱《系本》，柳宗元《捕蛇者說》把"民風"寫成"人風"。

唐高宗名治，"治"改為"理"，或改為"持"或"化"。韓愈《送李願歸盤谷序》把"治亂不知"寫成"理亂不知"，李賢把《後漢書·曹褒傳》"治慶氏禮"改成"持慶氏禮"，把《後漢書·王符傳》"治國之日舒以長"改成"化國之日舒以長"。

清聖祖(康熙)名玄燁，"玄"改為"元"，"燁"改為"煜"。我們讀清人著作或清刻的古書時應該注意，許多地方本來應該是玄字的，如玄鳥、玄武、玄黃等，都寫成了元。

以上是避君諱的例子。此外，文人還避家諱。例如：

淮南王安的父親名長，"長"改為"修"。《老子》"長短相形"，《淮南子·齊俗訓》引改為"短修相形"。

蘇軾的祖父名序，蘇洵文章改"序"作"引"，蘇軾為人作序又改用"敍"字。

上古不諱嫌名。所謂嫌名是指和君主或尊長的名字音同或音近似的字。例如，漢和帝名肇，"肇"、"兆"同音，由於不諱嫌名，所以不改變"京兆"字。三國以後漸漸避嫌名了，隋文帝的父親名忠，因為"忠"、"中"同音，所以連帶避"中"字，"中"改為"內"，官名"中書"改為"內史"，就是諱嫌名的例子。

由於避諱，甚至改變別人的名或姓。漢文帝名恆，春秋時的田恆被改稱田常；漢景帝名啟，微子啟被改稱微子開；漢武帝名徹，蒯（🔊 gwaai² kuǎi）徹被改稱蒯通；漢明帝名莊，莊助被改稱嚴助。劉知幾著《史通》，後人因避唐玄宗李隆基諱（基幾同音），改為劉子玄所著（子玄是劉知幾的字）。到了清代，為了避清聖祖諱，又恢復劉知幾著，但是當提到劉子玄的時候，則改稱劉子元。地名官名等也有不少由於避諱而改變的，這裏不一一舉例了。

以上說的是避諱改字。至於避諱缺筆，則是到唐代才有的。例如避唐太宗李世民諱，"世"字作"卅"；

避宋真宗趙恆諱，"恆"字作"恆"；避清世宗諱，"胤"字作"胤"；避清宣宗諱，"寧"字作"寍"；避孔子諱，"丘"字作"丘"，等等。

第八章

禮俗

禮俗是社會的上層建築，它是和社會的經濟基礎相適應的。奴隸社會有奴隸社會的禮俗，封建社會有封建社會的禮俗。在古代社會中，統治階級所提倡的禮俗是維護統治階級利益的，在今天看來，許多不合理的繁瑣的禮俗和吃人的禮教，在當時都是為了鞏固統治階級的統治的。

在這個題目下，我們不能全面敍述上古的禮俗，只能談談幾個重要的方面。

階級、階層

堯舜禪讓的傳說與原始公社制的階段相符合；夏禹不傳賢而傳子，可以認為原始公社制的瓦解。夏代是否已經達到奴隸制，還不得而知。至於殷代，可以確實斷定是奴隸社會了。

依照古代史的研究者的一般結論，最初所謂"眾"、"奚"、"僕"、"臣"、"妾"都是奴隸。臣是男奴隸，妾是女奴隸。周初的社會還存在着大量的奴隸，周天子常常拿奴隸賞賜給他的大臣。奴隸有在室內勞動的，但是他們的主要勞動還是農業生產。有人說《詩經·周頌·噫嘻》篇說的"亦服爾耕,十千維耦"指的就是兩萬奴隸在那裏耕田。《尚書·牧誓》說到"臣妾逋(粵bou¹ bū)逃"是指的奴隸逃亡。

周代的奴隸還可以像牛馬一樣在市場上販賣。《周禮·地官·質人》:"質人掌成市之貨賄人民牛馬兵器珍異。"鄭玄注:"人民,奴婢也。"販賣成交後,要訂立合同。這種合同叫作"質劑"。依鄭玄說:人民牛馬的合同叫"質",兵器珍異的合同叫"劑"。

奴隸還可以被當作牲畜來屠殺,這表現在上古的殉葬制度上。《墨子·節葬下》:"天子殺殉,眾者數百,寡者數十;將軍大夫殺殉,眾者數十,寡者數人。"在殷代,這話完全合乎事實。到了周代,雖然此風稍衰(這不是由於仁慈,而是由於人力可貴。),但是在某些國度仍然是盛行的。例如秦國,據《史記·秦本紀》所載,秦武公葬時,從死者六十六人,秦穆公葬時,從死者一百七十七人(包括《詩經·秦風·黃鳥》所悼念的三良在內)。又據《史記·秦始皇本紀》所載,秦始皇葬時,秦二世令後宮(妃嬪等)無子者一律"從死","死者甚眾"。而且把工匠都關閉在陵墓裏。古代統治階層的這種淫威,至今還令人髮指。

商代的貴族被總稱為"百姓"（"百姓"，金文寫作"百生"。後來周人稱商的貴族為"殷多士"。）。商王是貴族最高的代表，自稱為"余一人"（"余一人"見於甲骨文，古書上寫作"予一人"。）。《論語·堯曰》引《尚書·泰誓》篇的話說："百姓有過，在予一人。"可見周初還這樣稱呼。後來百姓成為民的同義詞。民在古代又稱為黎民，秦國則稱為黔首。

商代王位的繼承是兄終弟及，無弟然後傳子。周代王位由嫡長子世襲，餘子分封為諸侯（也有異姓功臣封為諸侯的）。諸侯的君位也由嫡長子繼承，餘子分封為卿大夫。諸侯受封國於天子，卿大夫受采邑於諸侯。卿大夫下面是士（大體是大夫的宗族），士受祿田於卿大夫。周天子有天下，諸侯有國，卿大夫有家。家是卿大夫統治的區域，擔任家的官職的通常是士，稱為家臣。孔子的學生冉有、季路就擔任過季康子的家臣。

《左傳·昭公七年》說："王臣公，公臣大夫，大夫臣士。"這樣，形成統治階層內部的分級。春秋以前士是武士，有義務"執干戈以衛社稷"；春秋以後士是文士。

士的下面是庶人，又稱庶民。西周時庶人雖然還是用來封賜的對象，但是庶人的身份比奴隸為高，以後庶人就逐漸成為個體農民了。《荀子‧王制》篇說：“君者，舟也；庶人者，水也。水則載舟，水則覆舟。”可見庶人的向背直接關係到上層統治階層的安危。

君子小人也是兩個相對立的概念。最初君子是貴族統治階層的通稱，小人是被統治階層的通稱，後來以所謂有德無德來區別君子和小人。

冠 禮

據近人研究，氏族社會的男女青年到達成熟期後必須參加“成丁禮”才能成為氏族公社的正式成員，才能享受應有的權利和履行應盡的義務。周代的冠禮(加冠儀式)就是由這種“成丁禮”變化來的。

周代貴族男子二十歲時由父親在宗廟裏主持冠禮。行禮前先筮(⬚ sai⁶ shì) 日(選定加冠的日期)、筮賓(選定加冠的來賓)。行禮時由來賓加冠三次：先加緇(⬚ zi¹ zī) 布冠，表示從此有治人的特權；次加皮弁(⬚ bin⁶ biàn），表示從此要服兵役；最後加爵弁，表示從此有權參加祭祀。（緇布冠是用黑麻布做的冠，皮弁是用白鹿皮做的，爵弁是赤黑色的平頂帽子，是祭祀時戴的。）來賓敬酒後，去見母親，又由來賓取"字"，然後去見兄弟姑姊，最後戴禮帽穿禮服帶禮品去見國君、卿大夫和鄉先生。主人向來賓敬酒贈禮品後，禮成。

貴族男子二十歲結髮加冠後可以娶妻，貴族女子十五歲許嫁時舉行笄禮後結髮加笄。所謂結髮，就是在頭頂上盤成髮髻（區別於童年的髮式），表示年屆"成人"，可以結婚了。《文選》卷二十九蘇武詩說："結髮為夫妻，恩愛兩不疑。"可見這種風俗流傳很久。

婚　姻

春秋時代，諸侯娶一國之女為妻（嫡夫人），女方以姪（兄弟之女）娣（妹妹）隨嫁，此外還有兩個和女方同姓的國家送女兒陪嫁，亦各以姪娣相從，這統稱為"媵（⊕jing⁶yìng）"。嫡夫人是正妻，媵是非正妻。媵的地位和妾不同。妾被認為是賤妾，是嬖人，而媵的身份還是比較尊貴的。戰國時代就沒有媵的制度了。

古代女子出嫁曰"歸"。《説文》説："歸，女嫁也。"《詩經‧周南‧桃夭》："之子于歸，宜其室家。"可見出嫁的女子以男家為家。《白虎通‧嫁娶》説："嫁者，家也。"可見"嫁"字本身就意味着"有家"。《白虎通‧嫁娶》又説："娶者，取也。"《説文》也説："娶，取婦也。"《周易》和《詩經》就寫成"取"，這表示男子把別家的女兒取到自己家裏來。男尊女卑的風俗，由"嫁"、"娶"兩字就可以證明。嫁對於女子來説是被動的，古代只説"嫁女"或"嫁妹"，不説"嫁夫"，可見嫁的權操在父兄之手。娶，對於男子來説是主動的，所以古代常説"娶妻"、"娶婦"（婦就是妻）。

　　《詩經》兩次歌詠："取妻如之何？匪媒不得。"（見《齊風‧南山》、《豳風‧伐柯》。後者少一個"之"字。）媒在古代婚姻中的作用非常大，多少青年男女的命運掌握在媒人的手裏。

　　古代的婚姻，據説要經過六道手續，叫作六禮。第一是納采，男家向女家送一點小禮物（一隻雁），表示求親的意思；第二是問名，男家問清楚女子的姓氏，以便回家占卜吉凶；第三是納吉，在祖廟卜得吉兆以後，到女家報喜，在問名納吉時當然也要送禮；第四是納徵，這等於宣告訂婚，所以要送比較重的聘禮，即致送幣帛；第五是請期，這是擇定完婚吉日，向女家徵求同意；第六是親迎，也就是迎親。

六禮之中，納徵和親迎最為重要。《詩經‧大雅‧大明》："文定厥祥，親迎於渭。"舊說是周文王卜得吉兆納徵訂婚後，親迎太姒於渭濱。後世以"文定"作為訂婚的代稱。《禮記‧昏義》談到親迎後新郎新娘"共牢而食，合巹（🔊 gan² jǐn）而酳"。（以一瓠分為兩瓢謂之巹，新郎新娘各執一瓢而酳〈用酒漱口〉，稱為合巹。後代合巹變為交杯，新郎新娘換杯對飲〈只做個樣子〉。）後世夫婦成婚稱為"合巹"就是從這裏來的。

以上所說的六禮當然只是為貴族士大夫規定的，一般庶民對這六禮往往精簡合併。

喪　葬

人將死時叫作"屬纊（🔊 zuk¹ kwong³ zhǔ kuàng）"（《禮記‧喪大記》）。屬是放置的意思，纊是新絮。（這裏絮指的是蠶吐出的絲綿，不是我們今天概念的棉花。）新絮很輕。據說古人把新絮放在臨終的人的口鼻上，試看是否斷氣。

這不一定成為風俗，至多也只是個別地方的風俗罷了，但是"屬纊"卻成為臨終的代稱。

古人初死，生人要上屋面向北方為死者招魂，這叫作"復"，意思是招喚死者的靈魂回復到身體。復而不醒，然後辦理喪事。

古人死後，要給他沐浴。這在《禮記·喪大記》裏有記載。這個風俗持續到後世。《晉書·王祥傳》記載王祥將死戒其子曰："氣絕但洗手足，不須沐浴。"可見一般人死後是要沐浴的。

死後有"斂"（殮）的儀式。有小斂，有大斂。小斂是給屍體裹上衣衾，越是貴族，衣衾越多。大斂則是把屍體裝進棺材。斂時死人口裏須飯含，所以《戰國策·趙策》講到"鄒魯之臣，生則不得事養，死則不得飯含"。（飯是把米放在死者口裏。含又寫作琀，是把玉放在死者口裏。）

入殮後，停喪待葬叫作"殯"。《論語·鄉黨》："朋友死，無所歸，曰：於我殯。"孔子的意思是説："就在我家裏停柩吧！"《左傳·僖公三十二年》："冬，晉文公卒。庚辰，將殯於曲沃。"這是説把晉文公的靈柩送到曲沃停喪，還不是葬。據《春秋》、《左傳》，次年四月才葬晉文公的。後世所謂出殯是把靈柩送到埋葬的地方去。

貴族出葬時還有許多排場，這裏沒有必要敍述。

送葬的規矩是白衣執紼。紼是拉柩車的繩子。執紼的原意是親友們幫助拉車，實際上只有形式。後來出殯，在送殯人的行列兩旁拉兩根帶子，那就是執紼的遺制。

輓歌據説最初是輓柩的人唱的。古樂府相和曲中的《薤（⑲ haai⁶ xiè）露》、《蒿（⑲ hou¹ hāo）里》都是輓歌，陶淵明有《輓歌詩》三首，後世的輓聯就是從輓歌演變來的。

下面説到葬。

上文説過，殷代奴隸主有人殉的制度。後世知道人力可貴，改以"俑"來代替。俑是人偶，有木俑、土俑。後來孔子還反對用俑，孟子説："仲尼曰：'始作

俑者，其無後乎！’為其象人而用之也。”（《孟子・梁惠王上》）

從殷代到戰國，統治階層還把生前使用的車馬帶到墓裏去。其他隨葬的物品是多方面的，包括青銅製的飲食器、兵器、樂器等，玉製、骨製的裝飾品以及其他什物。越是貴族，隨葬品就越多越精美。也有一些專為隨葬而做的“明器”（伴葬的器物）。漢代日常生活中的東西被仿製成陶土模型隨葬，明器的象徵性就更加明顯了。（“明器”原寫作“冥器”。“冥器”字面意思就是“隨葬品”。）

上古貴族統治階層的墓裏大多有槨，槨是外棺，主要是用來保護棺材的，有的竟有三四重之多。《論語・先進》說，孔子的兒子孔鯉死後，“有棺而無槨”，可見槨不是一般人所能具備的。

以上所說的只是貴族士大夫的喪葬，至於庶人的喪葬，那完全是另一回事。即使是最節儉的喪葬，對於“匹夫賤人”來說，已經是“殆竭家室”。庶人死了至多只能“稿葬”（草草安葬），如果遇着饑荒的年頭，就只好餓死以填溝壑了。

《禮記‧檀弓上》説：“古也墓而不墳。”根據現代田野考古工作報告，我們知道殷代和西周的墓都還沒有墳堆，後來在墓上築起墳堆，主要是作為墓的標誌，其次是為了增加盜墓的困難。

　　先秦文獻有合葬的記載。例如《詩經‧王風‧大車》説：“死則同穴。”《禮記‧檀弓上》記載孔子將其父母合葬於防。現代田野考古發現一座戰國墓中有一槨兩棺的結構，考古工作者認為，夫婦合葬的普遍流行是西漢中葉以後的事。《孔雀東南飛》説：“兩家求合葬，合葬華山傍，東西植松柏，左右植梧桐。”仲長統《昌言》説：“古之葬者，松柏梧桐以識墳也。”這風俗也流傳很久。

　　關於喪服，留到下文“宗法”裏討論。

第九章

宗

法

宗法是以家族為中心、根據血統遠近區分嫡庶親疏的一種等級制度。這種制度鞏固了統治階層的世襲統治，在封建社會中長期被保存下來。下面把有關中國古代宗法制度的一些主要的知識分四方面加以敍述。

族、昭、穆

　　族，表示親屬關係。《尚書・堯典》：“克明俊德，以親九族”，依舊說，九族指的是高祖、曾祖、祖、父、自己、子、孫、曾孫、玄孫(九族還有別的說法，這裏不討論。)，這是同姓的族。九族之外，有所謂三族。三族有三說：(甲)父子孫為三族；(乙)父母、兄弟、妻子為三族；(丙)父族、母族、妻族為三族。(按照五服所代表的親疏關係〈詳見後〉來說，九族之內的人都是有服的。無服的叫作黨，比如父黨、母黨、妻黨。)

　　古代一人“犯罪”，常常牽連到親屬也被殺戮。《史記・秦本紀》載，秦文公二十年(公元前 746 年)“法初有三族之罪”，依張晏說，這裏的三族指父母、兄弟、妻子(如淳認為指父族、母族、妻族)。《史記・魏其武安侯列傳》說“使武安侯在者，族矣”，族是族誅的意思。後世所謂誅九族，包括從高祖到玄孫的直系親屬，以及旁系親屬中的兄弟、堂兄弟等，這是專制時代最慘無人道的刑法。

周代貴族把始祖以下的同族男子逐代先後相承地分為"昭"、"穆"兩輩，這是周代宗法和後世不同的一點。試從大王〔古公亶〈⑨taan²dǎn〉父〕算起，大王的下一代是大伯、虞仲和王季，這是昭輩；王季既屬昭輩，則王季的下一代文王、虢仲和虢叔就是穆輩。以後各代依此類推，文王的下一代是武王，又是昭輩；武王的下一代是成王，又是穆輩。由此可見周代貴族用昭穆字樣來區別父子兩代，隔代的字輩相同。這種昭穆的分別，也體現在宗廟、墓塚和祭祀上，始祖居中，昭的位次在左，穆的位次在右。了解到這一點，就會知道《左傳・僖公五年》所說的"大伯虞仲，大王之昭也"，"虢仲虢叔，王季之穆也"，不過是說大伯虞仲是大王的下一代，虢仲虢叔是王季的下一代。《左傳・定公四年》說："曹，文之昭也；晉，武之穆也。"曹晉都是姬姓封國，這是說曹國的祖先是文王的兒子，晉國的祖先是武王的兒子。

大宗、小宗

古代宗法上有大宗、小宗的分別。嫡長子孫這一系是大宗，其餘的子孫是小宗。周天子自稱是上帝的長子，其王位由嫡長子世襲，這是天下的大宗；餘子分封為諸侯，對天子來說是小宗。諸侯的君位也由嫡長子世襲，在本國是大宗；餘子分封為卿大夫，對諸侯來說是小宗。卿大夫在本族是大宗；餘子為士，對卿大夫來說是小宗。士和庶人的關係也是這樣。

在宗法上，大宗比小宗為尊，嫡長子比其餘諸子為尊。嫡長子被認為是繼承始祖的，稱為宗子。只有宗子才有主祭始祖的特權，才能繼承特別多的財產，應該受到小宗的尊敬。《禮記·大傳》說："尊祖故敬宗；敬宗，尊祖之義也。"這樣，嫡長子的地位就顯得特別高貴，對其餘諸子來說，在家族上是以兄統弟，在政治上是以君統臣，這就抑止了統治階層的內訌，鞏固了貴族的世襲統治，所以歷代的封建統治階層都努力保存宗法制度。

親　屬

　　中國宗法的特點是：(甲)親屬關係拉得遠；(乙)親屬名稱分得細，特別是先生後生要有不同的名稱，如兄弟姊妹等。

　　父之父為祖，古稱王父；父之母為祖母，古稱王母。祖之父母為曾祖父、曾祖母；曾祖之父母為高祖父、高祖母。

　　子之子為孫，孫之子為曾孫，曾孫之子為玄孫，玄孫之子為來孫，來孫之子為晜(同"昆")孫，晜孫之子為仍孫，仍孫之子為雲孫。

　　父之兄為世父(伯父)，父之弟為叔父，簡稱為伯叔。世父叔父之妻稱為世母(伯母)叔母(後來稱為嬸)。伯叔之子(堂兄弟)稱為從父晜弟，又稱為從兄弟，這是同祖父的兄弟。父之姊妹為姑。

　　父之伯叔稱為從祖祖父(伯祖父、叔祖父)，其妻稱為從祖祖母(伯祖母、叔祖母)，其子稱為從祖父，俗稱堂伯、堂叔，這是同曾祖的伯叔，其妻稱為從祖母(堂伯母、堂叔母)，堂伯叔之子稱為從祖昆弟，又稱為再從兄弟(從堂兄弟)，這是同曾祖的兄弟。

祖父的伯叔是族曾祖父，稱為族曾王父；其妻是族曾祖母，稱為族曾王母。族曾祖父之子是族祖父，稱為族祖王父。族祖父之子為族父。族父之子為族兄弟，這是同高祖的兄弟。

兄之妻為嫂，弟之妻為弟婦。兄弟之子為從子，又稱為姪；兄弟之女為從女，後來又稱姪女。《爾雅·釋親》"女子謂弟之子為姪"，《儀禮·喪服傳》"謂吾姑者，吾謂之姪"，可見上古姑姪對稱。兄弟之孫為從孫。

姊妹之子為甥，後來又稱外甥。女之夫為女婿或子婿(婿的本義是夫，女婿是女之夫。子在上古兼指兒子和女兒，子婿也是指女之夫。)，後來省稱為婿。

父之姊妹之子女稱為中表(表兄、表弟、表姊、表妹)，中表是晉代以後才有的稱呼。

母之父為外祖父，古稱外王父，母之母為外祖母，古稱外王母，外祖父之父母為外曾王父與外曾王母。母之兄弟為舅，母之姊妹為從母，母之從兄弟為從舅。母之兄弟姊妹之子女為從母兄弟與從母姊妹，後來也稱為中表。

妻又稱為婦。妻之父為外舅(岳父)，妻之母為外姑(岳母)。妻之姊妹為姨。

夫又稱為婿。夫之父為舅，又稱為嫜。夫之母為姑。連稱為舅姑或姑嫜。夫之妹為小姑(中古以後的稱呼)。夫之弟婦為娣婦，夫之嫂為姒婦，簡稱為娣姒，又叫妯娌。

婦之父母與婿之父母相謂為婚姻，分開來說，則婦之父為婚，婿之父為姻。兩婿相謂為婭，後代俗稱為連襟(襟兄、襟弟)。

在宗法社會封建社會裏，講究父慈，子孝，兄友，弟恭，要求婦女講究婦道。實際上，統治階層自己並不遵守這些道德。弒父、殺兄等事史不絕書。

嫡庶之分，在中國宗法社會裏也是非常嚴格的。正妻稱為嫡妻，嫡妻之子為嫡子。妾之子稱為庶子。這是一種區別。長子為嫡子，非長子為眾子，這又是一種區別。當然，所謂長子為嫡子，也必須是正妻之子。嫡庶之分，關係到承襲制度。《公羊傳·隱公元年》：“立嫡以長不以賢，立子以貴不以長。”根據這個原則，正妻所生的長子才合乎承襲的資格，妾媵所生的子即使年長，如果正妻有子，仍應由正妻的子承襲。這樣做法，據說可以不引起爭端。但是由於爭奪利益，統治階層殺嫡立庶的事情也是史不絕書的。

喪　服

喪服是居喪的衣服制度。由於生者和死者親屬關係有親疏遠近的不同，喪服和居喪的期限也各有不同。喪服分為五個等級，叫作五服。五服的名稱是斬衰（⑧ceoi¹ cui）、齊衰、大功、小功、緦麻。下面根據《儀禮·喪服》篇所記，分別加以敍述。

斬衰(缞)是五服中最重的一種。凡喪服上衣叫衰（披在胸前），下衣叫裳。衰是用最粗的生麻布做的，衣旁和下邊不縫邊，所以叫作斬衰，斬就是不縫緝的意思。子為父、父為長子都是斬衰（諸侯為天子、臣為君也是斬衰），妻妾為夫、未嫁的女子為父，除服斬衰外還有喪髻，這叫"髺衰"。斬衰都是三年喪（實際上是兩週年）。

齊衰次於斬衰，這是用熟麻布做的。因為縫邊整齊，所以叫作齊衰。《儀禮·喪服》篇載齊衰分為四等：㈠齊衰三年，這是父卒為母、母為長子的喪服；㈡齊衰一年，用杖（喪禮中所執的），這叫"杖期（粵 gei¹ ᵏ ）"，這是父在為母、夫為妻的喪服；㈢齊衰一年，不用杖，這叫"不杖期"，這是男子為伯叔父母、為兄弟的喪服，已嫁的女子為父母，媳婦為舅姑（公婆）、孫和孫女為祖父母也是不杖期；㈣齊衰三月，這是為曾祖父母的喪服。

大功次於齊衰，這是用熟麻布做的，比齊衰精細些。功，指織布的工作。大功是九個月的喪服，男子為出嫁的姊妹和姑母、為堂兄弟和未嫁的堂姊妹都是大功，女子為丈夫的祖父母、伯叔父母，為自己的兄弟也是大功。

小功又次於大功，小功服比大功服更精細，是五個月的喪服。男子為從祖祖父（伯祖父、叔祖父）、從祖祖母（伯祖母、叔祖母）、從祖父（堂伯、堂叔）、從祖母（堂伯母、堂叔母)、從祖舅弟(再從兄弟)、從父姊妹(堂姊妹)、外祖父母都是小功,女子為丈夫的姑母姊妹,為娣婦姒婦也是小功。

總麻是五服中最輕的一種,比小功服更精細,喪期是三個月。男子為族曾祖父、族曾祖母、族祖父、族祖母、族父、族母、族兄弟,為外孫(女之子)、外甥、婿、妻之父母、舅父等都是總麻。

以上是禮經上所記的一套喪服制度。這套制度在當時雖然不見得全部實行,後世的喪服喪期雖然也有所改變,但是從中我們可以看到以下三點:

第一,在喪期中可以看出重男輕女的情況。妻為夫居喪三年,夫為妻服喪只有期年。明代以前,如果父親還在,兒子為母親居喪也只是齊衰而不是斬衰。

第二,在喪服中又可以看出嫡庶的分別甚嚴。庶子為嫡母服喪三年(明代以後,庶子為自己的母親也服喪三年。),但是嫡子不為庶母服喪,後來改為期年喪。長子長孫在服喪中很重要。在喪制中有所謂"承重孫",就是由於嫡長子已死,應由嫡長子的兒子承擔喪祭(和宗廟)的重任。又有所謂"承重曾孫"，承重孫或承重曾孫在訃聞(訃告)中名字是列第一位的。

第三，在喪服中明顯地表現了血統親疏的等級。因此，習慣上以五服以內為親，五服以外為疏。《爾雅·釋親》："族父之子相謂為族晜弟，族晜弟之子相謂為親同姓。"注："同姓之親無服屬。"這就是說，族兄或族弟的兒子相互間已經沒有喪服的關係，只有同姓的關係了。

古人講到親戚關係時，常常用喪服來表示親疏遠近。例如李密《陳情表》："外無期功強近之親，內無應門五尺之僮。"又如杜甫《遣興》："共指親戚大，緦麻百夫行。"在這種情況下，期功、緦麻並不指的是喪服，而指的是親戚了。

第十章

宮室

《爾雅・釋宮》："宮謂之室，室謂之宮"，宮和室是同義詞。區別開來說，宮是總名，指整所房子，外面有圍牆包着，室只是其中的一個居住單位。(上古宗廟也稱宮室，這裏不討論。)

上古時代，宮指一般的房屋住宅，無貴賤之分。所以《孟子・滕文公上》說："且許子何不為陶冶，舍皆取諸其宮中而用之？"秦漢以後，只有王者所居才稱為宮。

古代宮室一般向南。主要建築物的內部空間分為堂、室、房。前部分是堂，通常是行吉凶大禮的地方，不住人。堂的後面是室，住人。室的東西兩側是東房和西房。整幢房子是建築在一個高出地面的台基上的，所以堂前有階。要進入堂屋必須升階，所以古人常說"升堂"。《論語・先進》："由也升堂矣，未入於室也。"

上古堂前沒有門，堂上東西有兩根楹柱。堂東西兩壁的牆叫序，堂內靠近序的地方也就稱為東序、西序。堂後有牆和室房隔開，室和房各有戶和堂相通。古書上所說的戶通常指室的戶。東房後部有階通往後庭。

室戶偏東。戶西相應的位置有一個窗口叫牖（⊕jau⁵ yǒu）。《論語‧雍也》說：「伯牛有疾，子問之，自牖執其手。」室還有一個朝北的窗口叫向，《說文》說：「向，北出牖也。」《詩經‧豳風‧七月》說：「塞向墐戶。」

古人席地而坐。堂上的座位以室的戶牖之間朝南的方向為尊，所以古書上常說「南面」。室內的座位則以朝東的方向為尊。《史記‧項羽本紀》說：「項王、項伯東向坐。」又《魏其武安侯列傳》說，田蚡「嘗召客飲，坐其兄蓋侯南鄉，自坐東鄉，以為漢相尊，不可以兄故私橈(橈，屈，使相位的尊嚴受屈)」，可見漢代還是這種習俗。

漢代文獻上常常提到閤和廂，這是堂的東西兩側和堂毗連平行的房子，和後世閤廂的概念不盡相同。上文說，堂東西有牆叫序。序外東西各有一個小夾室，叫東夾、西夾，這就是閤(漢代閤又指小門)。東夾、西夾前面的空間叫東堂、西堂，這就是廂。閤和廂有戶相通，廂前也有階。樂府詩《雞鳴》篇：「鳴聲何啾啾，聞我殿東廂。」東廂就是東堂，殿就是前面所說的堂屋。《說文》說：「堂，殿也。」秦漢以前叫堂不叫殿，漢代雖叫殿，但不限於帝王受朝理事的處所，後來殿才專用於宮廷和廟宇裏的主要建築。

以上所說的大致可以代表上古宮室主體建築的基本法式。當然，從帝王宮殿到小康之家，宮室的豐儉崇卑是各不相同的，歷代宮室制度也有變化發展，這裏不能一一敍述。

漢代帝王宮殿和將相之家還有廊廡。《史記·魏其武安侯列傳》說，孝景帝拜竇嬰為大將軍，賜金千斤，竇嬰把所賜金"陳之廊廡下"。顏師古說："廊，堂下周屋也。"《說文》說："廡，堂下周屋。"廊廡似乎沒有多少分別。（顏師古說："廡，門屋也。"王先謙認為："廡是廊下之屋，而廊但是東西廂之上有周簷、下無牆壁者，蓋今所謂遊廊，《說文》新附以為東西序，是也。"此說不同。）一般人家大約是沒有廊廡的。

台榭觀闕都是統治者的建築。台高而平，便於瞭望。榭是台上的木構建築，特點是只有楹柱沒有牆壁。觀是宗廟或宮廷大門外兩旁的高建築物，兩觀之間有一個豁口，所以叫作闕。漢宮中有白虎觀，這種觀卻是獨立的建築物，至於道教的廟宇叫觀，更是後起的意義了。

附帶說一說,先秦文獻很少看見"樓"字。《孟子·告子下》"方寸之木,可使高於岑樓",趙岐注"岑樓,山之銳嶺者",據此則不是樓房的樓。《説文》"樓,重屋也",又"層,重屋也",《考工記》上也講到"殷人重屋",重屋指的是複屋(棟上加棟),而複屋是不可以住人的(段玉裁説)。可能戰國晚期出現了樓房,漢代顯然有樓房了,而且不止兩層。

窮人的房子正好是一個鮮明的對比。他們的住房是篳門圭竇,甕牖繩樞。

我國建築有悠久的歷史。古代勞動人民和匠師們在不斷地改進建築材料和建築技術。根據田野考古報告,我們知道殷代一般住房是在地面上挖一個地穴,穴周加培低牆,然後立柱蓋頂,出入口有斜坡或土階。這種形式的住房,考古工作者認為就是复。《詩經·大雅·綿》説:"古公亶父,陶復陶穴,未有家室。"復就是"复"字的假借。帝王的宮室是建築在地面上的,現在還看到當時的基礎。基是夯土而成的台基或地基,礎是柱子底部的墊石。後世建築一直很講究基礎。

殷代遺址至今還沒有發現瓦，屋頂大概是茅草蓋的。據推測至遲周初已發明瓦，但是大多數的房子仍然是茅草屋，所以古人説"茅茨土階"、"茅茨不剪"。《詩經‧豳風‧七月》説："畫爾于茅，宵爾索綯。亟其乘屋，其始播百穀。"可見瓦屋是挨不着農民住的。

磚的發明比瓦要晚些。戰國遺址發現過空心磚，那是用於墓中的。但是《詩經‧陳風‧防有鵲巢》已經説"中唐有甓"，唐指堂塗，是堂下通過中庭通往前門去的一條路，甓，舊説是瓴甋（一作令適），也就是磚。（晉代陶侃有運甓的故事，也是指運磚。）但是用磚砌牆是比較後起的事。

古人築牆很早就運用版築技術。《孟子‧告子下》："傅説舉於版築之間"，所謂版築是説築土牆用兩塊木板相夾，兩版中間的寬度等於牆的厚度，版外用木柱襯住，裝滿泥土，用杵搗緊，築畢拆除木柱木板，就成了一座牆了。版築技術在古代建築中佔有很重要的地位，直到現在有的地方還用這種築牆技術。後來又用土坯砌牆，土坯叫作墼。（墼和磚在很多方面相近，所以東漢時也有稱磚為墼的，不少漢磚上面有"墼"字。）

斗栱是我國古代高級木結構建築裏的重要構件，同時有裝飾的作用。《論語·公冶長》説臧文仲"山節藻梲"，舊説梲是樑上短柱，節就是斗栱。我們從戰國銅器圖案上可以見到類似斗栱的結構構件。

關於古代宮室，我們就説到這裏。

第十一章

車

馬

古書上常見車馬並舉。例如《詩經‧唐風‧山有樞》說："子有車馬，弗馳弗驅。"《論語‧公冶長》說："願車馬衣輕裘，與朋友共，敝之而無憾。"戰國以前，車馬是相連的。一般地說，沒有無馬的車（當然，馬車之外還有牛車等。），也沒有無車的馬。因此，古人所謂御車也就是御馬，所謂乘馬也就是乘車。《論語‧雍也》："赤之適齊也，乘肥馬，衣輕裘。"這是說乘肥馬駕的車。古代駕二馬為駢（⑧ pin⁴ pián），駕三馬為驂（⑧ caam¹ cān），駕四馬為駟。《論語‧季氏》："齊景公有馬千駟。"這不在於說他有四千匹馬，而在於說他有一千乘車。

古人說"服牛乘馬"，可見馬車之外還有牛車。馬車古名小車，是供貴族出行和作戰用的；牛車古名大車，一般只用來載運貨物。

古代馬車的車廂叫輿，這是乘人的部分（所以後世轎子也叫肩輿）。輿的前面和兩旁以木板為遮罩，乘車的人從輿的後面上車。（此據古書所記。近來考古發掘，知道上古車輿有的是方形，有的是長方形，有的是六角形，有的周圍是高起的欄杆，後面留有缺口，以便乘者升降。）《論語‧鄉黨》說：孔子"升車必正立執綏"，綏是車上的繩子，供人上車時拉手用的。

古人乘車是站在車輿裏的，叫作"立乘"（但是"婦人不立乘"，見《禮記·曲禮上》）。輿兩旁的木板可以倚靠身體，叫作輢。輿前部的橫木可以憑倚扶手，叫作式（軾）。古人在行車途中用扶式俯首的姿勢表示敬禮，這種致敬的動作也叫作式（但是"兵車不式"，見《禮記·曲禮上》）。所以《檀弓》說："夫子式而聽之。"一般車輿上有活動裝置的車蓋，主要是用來遮雨的，像一把大傘。

車輪的邊框叫輞，車輪中心有孔的圓木叫轂（孔是穿軸的），輞和轂成為兩個同心圓。《老子》說："三十輻共一轂。"輻是一根一根的木條，一端接輞，一端接轂。四周的輻條都向車轂集中，叫作"輻輳"，後來輻輳引申為從各方聚集的意思。《漢書·叔孫通傳》說："四方輻輳。"

車軸是一根橫樑，上面駕着車輿，兩端套上車輪。軸的兩端露在轂外，上面插着一個三四寸長的銷子，叫作轄（又寫作鎋），不讓車輪外脫。轄是個很重要的零件，所以《淮南子·人間訓》上提到"夫車之所以能轉千里者，以其要在三寸之轄"，後來引申為管轄的意思。露在轂外的車軸末端，古代有特定的名稱叫軎

（又寫作軌），又叫軌。《詩經·邶風·匏有苦葉》說："濟盈不濡軌。"古人常乘車渡水，這是說濟水雖滿並沒有濕到車軸頭，意思是水位不到半輪高。軌的另一個意義是指一車兩輪之間的距離，引申為兩輪在泥道上碾出來的痕跡，又叫作轍。《禮記·中庸》所謂"今天下車同軌"，並不是有人把天下的車轍大小都規定下來，而是規定了車子的統一尺寸，車輪的軌轍就自然一致了。

附帶説一説軔。軔不是車子的組成部分，而是阻止車輪轉動的一塊木頭。行車時先要把軔移開，所以啟程稱為"發軔"。引申開來，事情的開端也叫"發軔"。

轅是駕車用的車杠，後端和車軸相連。轅和輈是同義詞。區別開來説，夾在牲畜兩旁的兩根直木叫轅，適用於大車；駕在當中的單根曲木叫輈，適用於小車。（此據古書所記。近來考古發掘，知道上古乘人的馬車多為獨轅直木。又，漢代乘人的車，種類複雜化，車轅成雙，駕車的馬以一匹為常，這裏不細說。）所以《左傳·隱公十一年》說："公孫閼（🔊 aat³ è）與潁考叔爭車，潁考叔挾（🔊 gaap³ jiā）輈以走。"

車轅前端駕在牲口脖子上的橫木叫作軛。軛和衡是同義詞。區別開來說，軛用於大車，衡用於小車。所以《論語・衛靈公》說："在輿則見其倚於衡也。"（此據古書所記。根據考古資料整理出的結論與此不同，可參考安陽小屯車馬坑 M20 出土乙種車復原圖。）

　　車轅前端插上銷子和軛相連，叫作輗。輗和軏是同義詞。區別開來說，輗用於大車，軏用於小車，所以《論語・為政》說："大車無輗，小車無軏，其何以行之哉？"

　　古人乘車尚左（以左方為尊），尊者在左，御者在中，另有一人在右陪乘。陪乘叫作驂乘，又叫車右。所以《左傳・宣公二年》說："其右提彌明知之。"兵車情況不同。主帥居中自掌旗鼓，御者在左，另有一人在右保護主帥，叫作車右。一般兵車則是御者居中，左邊甲士一人持弓，右邊甲士一人持矛。

　　駕車的馬如果是三匹或四匹，則有驂服之分。兩旁的馬叫驂，中間的馬叫服。一說服之左曰驂，右曰騑。籠統地說，則驂和騑是同義詞。所以《楚辭・九章・國殤》說："左驂殪兮右刃傷。"王勃《滕王閣序》說："儼驂騑於上路。"

古代貴族的車馬還有若干裝飾附件，不一一敍述。

上文說過，戰國以前馬是專為拉車用的。《左傳·昭公二十五年》："左師展將以公乘馬而歸。"孔疏："古者服牛乘馬，馬以駕車，不單騎也。至六國之時始有單騎，蘇秦所云'車千乘，騎萬匹'是也。"但是孔疏又引劉炫的話，以為左師展"欲共公單騎而歸"，這是"騎馬之漸"（開端）。我們認為春秋時代可能有騎馬的事，但那只是極個別的情況。到了戰國時代，趙武靈王胡服騎射，才從匈奴學來了騎馬。後來騎馬之風才漸漸盛起來的。

第十二章

飲食

上古的糧食作物有所謂五穀、六穀和百穀。按照一般的說法，五穀是稷、黍、麥、菽、麻；六穀是稻、稷、黍、麥、菽、麻。六穀比起五穀來只多了一種稻，這顯然是因為水稻本是南方作物，後來才傳到北方來的。（五穀還有別的說法，例如《孟子·滕文公上》："樹藝五穀"，趙岐注："五穀為稻黍稷麥菽。"六穀也有別的說法，這裏不列舉。）至於百穀，不是說上古真有那麼多的糧食品種，而是多種穀物的意思。

稷是小米，又叫穀子。（有人說稷和黍是一類，黍的籽粒黃色，有黏性；稷的籽粒白色，沒有黏性。）稷在古代很長一段時期內是最重要的糧食。古人以稷代表穀神，和社神（土神）合稱為社稷，並以社稷作為國家的代稱。由此可見稷在上古的重要性。

黍是現代北方所說的黍子，又叫黃米。《詩經》裏常見黍稷連稱，可見黍在上古也很重要。上古時代，黍被認為是比較好吃的糧食，所以《論語·微子》說："殺雞為黍而食之。"

麥有大麥小麥之分。古代大麥叫麰，又名來牟。

菽就是豆。上古只稱菽，漢以後叫豆。

麻指大麻子，古代也供食用，後世還有吃麻粥的。《詩經·豳風·七月》"九月叔苴"，苴就是麻子。麻不是主要的糧食作物，古代以絲麻或桑麻並稱，那是指大麻的纖維。

現在説一説穀禾粟粱。

穀是百穀的總稱。禾本來專指稷，後來逐漸變為一般糧食作物的通稱。粟本來是禾黍的籽粒，後來也用作糧食的通稱。粱是稷的良種。古人常以稻粱並稱，認為這兩種穀物好吃；又以膏粱或粱肉並稱，認為是精美的膳食。

糧食炒成乾糧叫糗，也叫餱糧。《詩經·大雅·公劉》："迺(⊕naai⁵ nǎi)裹餱糧。"糧字本身也指的是乾糧，行軍或旅行時才吃糧。所以《莊子·逍遙遊》説："適千里者，三月聚糧。"

古人以牛羊豕為三牲。祭祀時三牲齊全叫太牢；只用羊豕不用牛叫少牢。牛最珍貴，只有統治階層吃得起，比較普遍的肉食是羊肉，所以美(美味)羞(饈)等字從羊，羹字從羔從美。古人也吃狗肉，並有以屠狗為職業的，漢代樊噲(⊕faai³kuài)即"以屠狗為事"。《漢書·樊噲傳》顏師古注："時人食狗，亦與羊豕同，故噲專屠以賣。"可見唐人已經不吃狗了。

上古乾肉叫脯，叫脩(⊕sau¹xiū)，肉醬叫醢。本來醢有多種：醯醢(肉醬)外，還有魚醢、蜃醢(蛤蜊醬)等。但一般所謂醢則指肉醬而言。上古已有醋，叫作醯。有了醯，就可製成酸菜、泡菜，叫作菹。細切的瓜菜做成的叫齏(⊕zai¹jī)。醃肉醃魚也叫菹，所以有鹿菹、魚菹等。在這個意義上，菹與醢相近。

除了乾肉(脯)和肉醬(醢)以外，上古還吃羹。據說有兩種羹，一種是不調五味不和菜蔬的純肉汁，這是飲的。《左傳·桓公二年》："大羹不致，粢食不鑿，昭其儉也。"所謂"大(太)羹"，就是這種羹。另一種是肉羹，把肉放進烹飪器裏，加上五味煮爛。所謂五味，據說是醯、醢、鹽、梅和一種菜。這菜可以是葵，可以是蔥，可以是韭。另一說牛羹用藿，羊羹用苦(苦菜)，豕羹用薇。《尚書·說命》："若作和羹，爾惟鹽梅。"可見鹹與酸是羹的主要的味道。《孟子》所謂"一簞食，一豆羹"，大概就是這種羹。《左傳‧隱公元年》載鄭莊公賜穎考叔食，穎考叔"食舍肉。公問之。對曰：'小人有母，皆嘗小人之食矣，未嘗君之羹。請以遺之。'"大概也是這一類的肉羹。

上古家禽有雞、鵝、鴨。鵝又叫作雁(有野雁，有舒雁，舒雁就是鵝)。鴨字是後起的字，戰國時代叫作鶩(粵 mou⁶ wù)，所以《楚辭‧卜居》説："將與雞鶩爭食乎？"鴨又叫作舒鳧(粵 fu⁴ fú)，和野鳧(野鴨)區別開來。

上古人們所吃的糖只是麥芽糖之類，叫作飴(粵 ji⁴ yí)。飴加上糯米粉(饊)，可以熬成餳。飴是軟的，餳是硬的。餳是古糖字(餳，古音唐)。但當時的糖並不是後代的沙糖。沙糖(甘蔗糖)不是中原所舊有。白沙糖叫作石蜜，也是外國進貢的東西。一般人所吃的飴或餳是麥芽糖。

宋初宋祁《寒食》詩"簫聲吹暖賣餳天"，賣的就是麥芽糖。

古人很早就知道釀酒。殷人好酒是有名的，出土的觚爵等酒器之多，可以説明當時飲酒之盛。不過古代一般所謂酒都是以黍為糜（煮爛的黍），加上麴糵（酒母）釀成的，不是燒酒。燒酒是後起的。

茶是我國主要的特產之一。《爾雅‧釋木》："檟，苦荼（⊛ tou⁴ tú）。"茶荼本是同一個字。但是上古沒有關於飲茶的記載。王褒《僮約》裏説到"烹茶"、"買茶"，可見茶在漢代某些地區不但是一種飲料，而且是一種商品。《三國志‧吳志‧韋曜傳》載，孫皓密賜韋曜茶荈以當酒（韋曜就是韋昭，史為避晉文帝諱改。《爾雅》郭注："今呼早採者為茶，晚取者為茗，一名荈。"），《續博物志》説南人好飲茶，大概飲茶的風氣是從江南傳開的。南北朝時飲茶風氣漸盛。唐宋以後，茶更成為一般文人的飲料了。

古代漢族不吃乳類的飲料和食品。《史記‧匈奴列傳》："得漢食物皆去之，以示不如湩酪之便美也。"湩是牛馬乳；酪有乾濕兩種，乾酪就是今天所謂乾酪，濕酪大概就是酸奶。依《史記》看來，飲食乳酪都不是漢族的習慣。酥油古稱為酥，本來也是胡人的食品，所以唐玄宗嘲安禄山説："堪笑胡兒但識酥。"醍醐是上等的乳酪，依《涅槃經》説，牛乳成酪，酪成生酥，生酥成熟酥，熟酥成醍醐，醍醐是最上品。凡此都可證明，飲食乳類的習慣是從少數民族傳來的。韓愈《初春小雨》詩"天街小雨潤如酥"，可見唐時漢人已逐漸習慣於酥酪了。

第十三章

衣飾

衣有廣狹二義。廣義的衣指一切蔽體的織品，包括頭衣、脛衣、足衣等。狹義的衣指身上所穿的；當衣和裳並舉的時候，就只指上衣而言。下面分別敍述。

上古的頭衣主要有冠、冕、弁三種。

冠是貴族男子所戴的"帽子"，但是它的樣式和用途與後世所謂的帽子不同。《說文》說："冠，絭（絭，束縛）也，所以絭髮。"古人蓄長髮（《左傳‧哀公七年》說吳人"斷髮文身"，《左傳‧哀公十一年》說"吳髮短"，《史記‧越世家》也說越人"文身斷髮"，可見剪短頭髮在上古被認為是所謂"蠻夷"的風俗。至於剃光頭，那是一種相當重的刑罰，叫作髡〈粵 kwan¹ kūn〉。），用髮笄（笄，意思就是髮簪）綰（粵 waan² wǎn）住髮髻後再用冠束住。據說早先的冠只有冠梁，冠梁不很寬，有褶子，兩端連在冠圈上，戴起來冠梁像一根弧形的帶子，從前到後覆在頭髮上。由此可以想見，上古的冠並不像後世的帽子那樣把頭頂全部蓋住。冠圈兩旁有纓，這是兩根小絲帶，可以在頷下打結。《史記‧滑稽列傳》記載："淳于髡仰天大笑，冠纓索絕。"纓和緌是同義詞。區別開來說，緌是結餘下垂的部分，有裝飾的作用。

古代冠不止一種，質料和顏色也不盡相同。秦漢以後，冠梁逐漸加寬，和冠圈連成覆杯的樣子。冠的名目和形制也愈益複雜化了。

冠又是冕和弁的總名。冕，黑色，是一種最尊貴的禮冠。最初天子諸侯大夫在祭祀時都戴冕，所以後來有"冠冕堂皇"這個成語。"冠冕"又可以用作仕宦的代稱，它又被用來比喻"居於首位"。冕的形制和一般的冠不同。冕上面是一幅長方形的版，叫延（綖），下面戴在頭上。延的前沿掛着一串串的小圓玉，叫作旒。據說天子十二旒（一說皇帝的冕前後各有十二旒），諸侯以下旒數各有等差。後來只有帝王可以戴冕，所以"冕旒"可以用作帝王的代稱。王維《和賈至舍人早朝大明宮之作》："萬國衣冠拜冕旒。"

弁也是一種比較尊貴的冠，有爵弁，有皮弁。爵弁據說就是沒有旒的冕。皮弁是用白鹿皮做的，尖頂，類似後世的瓜皮帽。鹿皮各個縫合的地方綴有一行行閃閃發光的小玉石，看上去像星星一樣，所以《詩經·衞風·淇奧》說"會弁如星"。

冕弁加在髮髻上時都要橫插一根較長的笄（不同於髮笄），笄穿過髮髻，把冕弁別在髻上。然後在笄的一端繫上一根小絲帶，從頷下繞過，再繫到笄的另一端。這根帶子不叫纓而叫紘，此外，笄的兩端各用一條名叫紞的絲繩垂下一顆玉來，名叫瑱。因為兩瑱正當左右兩耳，所以一名充耳，又叫塞耳。《詩經·衛風·淇奧》說："充耳琇瑩"，就是指瑱說的。

附帶說一說，古時貴族才能戴冠乘車，車有車蓋，所以古人以"冠蓋"為貴人的代稱。"冠蓋"又指仕宦的冠服和車蓋，所以也用作仕宦的代稱。

庶人的頭衣和統治階層不同。他們不但沒有財力製置冠弁，而且統治階層還不讓他們有戴冠弁的權利。《釋名·釋首飾》："士冠，庶人巾。"可見庶人只能戴巾。《玉篇》："巾，佩巾也。本以拭物，後人著之於頭。"可見庶人的巾大約就是勞動時擦汗的布，一物兩用，也可以當作帽子裹在頭上。直到漢代，頭巾仍用於庶人和隱士。

幘（⊜ zik¹ zé），就是包髮的巾。蔡邕《獨斷》："幘者，古之卑賤執事不冠者之所服也。"庶人的幘是黑色或青色的，庶人既不許戴冠，只許戴巾幘，在頭衣的制度上就有深刻的階級內容。所以秦稱人民為黔首(黔，黑色)，漢稱僕隸為蒼頭(蒼，青色)，都是從頭衣上區別的(依陶宗儀《輟耕錄》說)。

幘有壓髮定冠的作用，所以後來貴族也戴幘，那是幘上再加冠。這種幘，前面高些，後面低些，中間露出頭髮。現在戲台上王侯將相冠下也都有幘，免冠後就露出幘來了。此外還有一種比較正式的幘，即幘之有屋(帽頂)者。戴這種幘可以不再戴冠。幘本覆額，戴幘而露出前額，古人叫作岸幘(岸是顯露的意思)，這表示灑脫不拘禮節。《晉書·謝奕傳》：“岸幘笑詠，無異常日。”

帽，據說是沒有冠冕以前的頭衣，《荀子·哀公》篇：“哀公問舜冠於孔子”，“孔子對曰：古之王者有務而拘領者矣”，楊倞注：“務讀為冒”，意思是說務就是帽。《說文》說，冃是小兒及蠻夷的頭衣，冃是古帽字。但是上古文獻中很少談及帽。魏晉以前漢人所戴的帽只是一種便帽，《世說新語·任誕》說，謝尚“脫幘着帽”，“酣飲於桓子野家”，可見當時的帽還是一種便帽。後來帽成為正式的頭衣，杜甫《飲中八仙歌》說，張旭“脫帽露頂王公前”，脫帽沒有禮貌，可見戴帽就有禮貌了。

上文說過，古代衣裳並舉時，衣只指上衣。下衣叫作裳。《詩經・邶風・綠衣》說：“綠衣黃裳。”《詩經・齊風・東方未明》說：“顛倒衣裳。”但是裳並不是褲而是裙（古代男女都着裙，見下文）。《説文》說：“常（裳），下帬（裙）也。”衣裳連在一起的叫作深衣。

古人衣襟向右掩（右衽），用縧繫結，然後在腰間束帶。《論語・憲問》“微管仲，吾其被髮左衽矣”，可見左衽不是中原的習俗（上古斂死者才左衽）。帶有兩種：一種是絲織的大帶，一種是皮做的革帶。大帶是用來束衣的，叫作紳，紳又特指束餘下垂的部分。古人常說“搢紳”，意思是把上朝時所執的手版（笏）插在帶間。（笏是古代君臣朝見時所執的狹長的板子，用玉、象牙或竹子製的，用來指畫或在上面記事。搢紳又作縉紳、薦紳。《史記・五帝本紀》：“薦紳先生難言之。”）這樣，“搢紳”就成了仕宦的代稱，而“紳士”的意義也由此發展而來。革帶叫作鞶，這是用來懸佩玉飾等物的。

古人非常珍視玉。玉器不但用於祭祀、外交和社交等方面，而且用於服飾。《禮記・玉藻》說：“古之君子必佩玉。”又説：“君子無故，玉不去身。”可見佩玉是貴族很看重的衣飾。據說禮服有兩套相同的佩玉，腰的左右各佩一套。每套佩玉都用絲繩繫聯着。上端是一枚弧形的玉叫珩（衡），珩的兩端各懸着一枚半圓形的玉叫璜，中間綴有兩片玉，叫作琚和瑀，兩璜之間懸着一枚玉叫作衝牙。走起路來衝牙和兩璜相觸，發出鏗鏘悅耳的聲音。（按：關於組玉佩撞擊發聲的說法源自《詩經·鄭風·有女同車》和《詩經·秦風·終南》。這本是諷刺禮崩樂壞時代裏人對美玉的濫用與毫不珍惜。漢代人編寫禮書時粗率地將諷刺當成讚美，造成了巨大的錯誤。對於這種陳陳相因的錯誤我們這裏僅指出，原文不作改動。）《詩經·鄭風·女曰雞鳴》說："雜佩以贈之。"據舊注，"雜佩"就是這套佩玉。此外，古書上還常常談到佩環、佩玦（玦，指有缺口的佩環）。婦女也有環佩。

裘和袍是禦寒的衣服。《詩經·檜風·羔裘》說："羔裘如膏，日出有曜。"《詩經·小雅·都人士》說："彼都人士，狐裘黃黃。"可見古人穿裘，毛是向外的，否則不容易看見裘毛的色澤。在行禮或接見賓客時，裘上加一件罩衣，叫作裼衣，否則被認為不敬。裼衣和裘，顏色要相配，所以《論語·鄉黨》說："緇衣，羔裘；素衣，麑裘；黃衣，狐裘。"平常家居，裘上不加裼衣。庶人穿犬羊之裘，也不加裼衣。

袍是長襦，據説裏面鋪的是亂麻（縕）。（現在單袍也叫袍，上古沒有這種説法。一説袍裏面鋪的是新綿和舊絮。）一般説來，窮到穿不起裘的人才穿袍。《論語·子罕》："衣敝縕袍，與衣狐貉者立，而不恥者，其由也與？"可見穿袍穿裘有貧富的差別。漢以後有絳紗袍、皂紗袍，袍成了朝服了。

袞（⊛gwan² gǔn），這是天子和最高級的官吏的禮服。據説袞上繡有蜷曲形的龍。後代所謂"龍袍"就是袞的遺制。

上古時代還不懂得種棉花。所謂"絮"，所謂"綿"，都只是絲綿。（依《廣韻》，精的叫綿，粗的叫絮。其實上古一般都叫絮。）因此，上古所謂布並不是棉織品，而是麻織品或葛織品。帛則是絲織品的總稱。布與帛也形成了低級衣服與高級衣服的對比，貧賤的人穿不起絲織品，只能穿麻織品，所以"布衣"成了庶人的代稱。最粗劣的一種衣服稱為"褐"，這是用粗植物纖維編織的，所以貧苦的人被稱為"褐夫"。《孟子·滕文公上》説，許行之徒"皆衣褐，捆屨織席以為食"，這是説過着勞動人民的生活。揚雄《解嘲》説"或釋褐而傅"，這是説脱掉粗劣的衣服做大官去了。後世科舉新進士及第授官，也沿稱"釋褐"。

上古時代，男女服裝的差別似乎不很大。直到中古，男女服裝也還不是嚴格分開的。試舉"襦"、"裙"為例（襦，短襖，依段玉裁說）。樂府詩《陌上桑》："緗綺為下裙，紫綺為上襦。"這裏"襦"和"裙"是婦女的服裝。但是《莊子·外物》："未解裙襦"，並非專指婦女。《南史·張譏傳》載梁武帝以裙襦賜給張譏，可見男人也是穿着裙襦的。只有袿被解釋為婦女的上衣（見《釋名·釋衣服》。今天的褂字大約是袿字的音變。）這大概是可信的。宋玉《神女賦》"被袿裳"，曹植《洛神賦》"揚輕袿之綺靡"，可以為證。唐宋以後，婦女着裙之風大盛，男以袍為常服，女以裙為常服。

上古有裳無褲。上古文獻中有個絝字，又寫作袴，按字音說，也就是後代的褲字。但是上古所說的褲（絝），並不等於今天所謂褲。《說文》："絝，脛衣也。"可見當時所說的袴，很像今天的套褲（依段玉裁說。王國維《觀堂集林》卷二十二《胡服考》認為："袴與今時褲制無異。"），所不同者，它不是套在褲子外面的。袴的作用是禦寒。《太平御覽》引《列士傳》："馮援（馮諼）經冬無袴，面有飢色"，又引《高士傳》"孫略冬日見貧士，脱袴遺之”都可為證。

有襠的褲子叫褌，又寫作幝。《釋名·釋衣服》說：“褌，貫也，貫兩腳，上繫腰中也。”此外有一種褌，類似後世的短褲衩，形似犢鼻，叫犢鼻褌（錢大昕《十駕齋養新錄》卷四“犢鼻褌”條說，幝無襠者謂之袏，袏犢聲相近，重言為犢鼻，單言為突，後人加衣旁作袏。這是另一種解釋。），穿起來便於勞動操作。《史記·司馬相如列傳》說，司馬相如在臨邛（⬤kung⁴qióng）“身自着犢鼻褌”，和奴婢們一起洗滌食具。

古人用一塊布斜裹在小腿上，叫邪幅或幅（偪）。《左傳·桓公二年》：“帶裳幅舄。”《詩經·小雅·采菽》：“邪幅在下。”鄭玄注：“邪幅，如今行縢也；偪束其脛，自足至膝，故曰‘在下’。”上古的邪幅如同漢代的行縢，相當於後世的裹腿。

上古的鞋叫屨（⬤geoi³jù），有麻屨、葛屨等。據説葛屨是夏天穿的，冬天穿皮屨。一般的屨是用麻繩編成的。編時要邊編邊砸，使之結實，所以《孟子·滕文公上》説“捆屨織席”。

舄是屨的別名。區別開來說，單底叫屨，複底叫舄。《方言》說，屨中有木者叫複舄，可以走到泥地裏去，不怕泥濕。

履字本是動詞，是踐的意思。《詩經·魏風·葛屨》說："糾糾葛屨，可以履霜。"戰國以後履字漸漸用為名詞。《荀子·正名》："麤(麤同"粗"。)布之衣，麤紃(紃，鞋帶)之履，而可以養體。"《史記·留侯世家》："孺子，下取履。"

古人的草鞋叫蹝(躧、屣)（《說文》說，躧是舞履，字亦作蹝、屣。)，又叫屩(蹻)。《孟子·盡心上》："舜視棄天下猶棄敝蹝也"，敝蹝就是破草鞋。《史記·虞卿列傳》說虞卿"躡蹻簷簦說(粵 seoi³ shuì)趙孝成王"(簷，當作擔)，就是穿着草鞋，捐(粵 kin⁴ qián)着長柄笠(相當於後世的雨傘)去遊說趙孝成王。

屐(粵 kek⁶ jī)是木頭鞋。屐和舄不同。舄的底下只襯一塊薄板，甚至只是複底，而屐底下是厚板，而且前後有齒。《宋書·謝靈運傳》記載，謝靈運常着木屐，上山則去前齒，下山則去後齒。可見屐是有齒的。戰國時代就開始有屐。《莊子·天下》篇提到墨子之徒"以跂蹻為服"，跂就是屐字。但不知當時的屐有沒有齒。

古書上用皮屨、革舃、革履、韋履等詞來指用皮做的鞋子。皮鞋比較貴重，一般人穿不起。《説文》："鞮，革履也，胡人履連脛謂之絡鞮。"絡鞮就是後代所謂靴，可見靴是由少數民族傳入的。

鞋字古作鞵。《説文》："鞵，生革鞮也。"可見鞋是鞮的一種。後來鞋字變成了鞋類的總稱，所以有麻鞋、草鞋、芒鞋、絲鞋等。

最後説一説韤(襪)。《説文》説韤是足衣。大約是用皮做的，所以寫作韤。古人以跣足為至敬，登席必須脱韤。《左傳·哀公二十五年》："褚師聲子韤而登席。"這是對人君無禮。韤字後來又寫作紗，這暗示韤的質料改變了。

第十四章

什

物

什物很多，不可能一一加以敍述。現在只選主要的而且古今差別較大的談一談。

古人席地而坐，所以登堂必先脫屨。席長短不一，長的可坐數人，短的僅坐一人。席和筵是同義詞。區別開來説，筵比席長些，是鋪在地上墊席的；席是加在筵上供人坐用的。後來筵字用來表示宴飲的陳設。陳子昂《春夜別友人》："金樽對綺筵。"近代"筵席"成為一個詞，用作酒饌的代稱。

古代牀有兩用，既可以用作臥具，又可以用作坐具。《詩經·小雅·斯干》："載寢之牀"，那是用作臥具；《孟子·萬章上》："舜在牀琴(琴，用如動詞，意思是'彈琴'。)"，那是用作坐具。

古人坐時兩膝跪在席或牀上，臀部坐在腳後跟上(古人坐着要起身時，先把腰挺直，這叫長跪。長跪可以表示敬意，《戰國策·魏策》說秦王"長跪而謝"。又，箕踞〈🔊 gei¹ geoi³ jī jù〉在古代被認為是一種不恭敬的坐式，所謂箕踞，是說坐時臀部着地，兩足向前伸展，膝微曲，其狀如箕。《戰國策·燕策》說荊軻刺秦王不中，"自知事不就，倚柱而笑，箕踞以罵"，正表現了蔑視敵人的氣概。)，坐時可以憑几。几是長方形的，不高，類似今天北方的炕几。《孟子・公孫丑上》說孟子"隱几而臥"。《莊子・齊物論》說"南郭子綦隱機而坐"，機就是几（隱，動詞，意思是憑靠）。几通常是老年人憑倚的，所以古代常以几杖並舉，作為養尊敬老的用具。

古代進送食物用的托盤叫作案，有長方形的，也有圓形的，前者四足，後者三足，可以放在地上，這是食案。食案形體不大，足很矮，所以《後漢書・梁鴻傳》說梁鴻妻"舉案齊眉"。此外還有書案，長方形，兩端有寬足向內曲成弧形，不很高。後世因為坐的方式改成今天的樣子，所以才有較高的案几和桌椅。

先秦已有燭字，但是上古的燭並不是後世所指的蠟燭。《說文》說："燭，庭燎大燭也。"燭和庭燎是一樣的東西，都是火炬。細分起來，拿在手上叫燭，大燭立在地上叫庭燎。據說大燭是用葦薪做的，小燭是用麻蒸做的（依朱駿聲說，麻蒸是去掉皮的麻稭。）。

戰國時代就有照明用的鐙（燈）了，當時的燈和後世的燈不同。因為形狀類似盛食物的登（瓦豆），所以就叫作鐙（後來燈的形制多樣化了）。古代點燈用膏，膏是獸類的脂肪,《楚辭·招魂》説:"蘭膏明燭,華燈錯些。"(蘭膏,加蘭香煉的膏,燃起來有香味。燭,動詞,照耀。錯,錯鏤。些,語氣詞。)點燈用植物油,是後起的事。

耒耜(🔊 leoi⁶ zi⁶ lěi sì)是上古耕田的工具。《説文》説:"耒,手耕曲木也。"起初是用自然的曲木,後來知道"揉木為耒"。耒和耜本來是兩種農具。耒上端勾曲,下端分叉;耜的下端則是一塊圓頭的平板,後來嵌入青銅或鐵片,就成了犁的前身。古人常以耒耜並舉,例如《孟子·滕文公上》説:"陳良之徒陳相,與其弟辛,負耒耜而自宋之滕。"古代注家往往認為耒耜是一種農具的兩個不同部位的名稱,認為耒是耜上端的曲木,耜是耒下端的圓木或金屬刃片,可見耒耜混淆由來已久了。後來耒耜用作一般農具的代稱。

銍是一種短小的鐮刀,錢和鎛是耘草挖土的鏟形農具。在上古時代,錢鎛大約曾經是交易的媒介,所以春秋晚期和戰國的貨幣模仿錢鎛的形狀,稱為錢或布(布和鎛古音相同)。

上古的烹飪器有鼎、鬲、甗等。有陶製的,也有青銅製的。

鼎是用來煮肉盛肉的，一般是圓腹三足（所以古人用
"鼎足"、"鼎立"等詞語來譬喻三方並峙的情況。《史記·淮陰侯列
傳》："三分天下，鼎足而居。"），也有長方形四足的，那是
方鼎。鼎口左右有耳，可以穿鉉，鉉是抬鼎用的槓子
（鉉是木製的槓子，以金為飾。參看《說文》鍵字段玉裁注）。鼎足
的下面可以燒火，有幾種肉食就分幾個鼎來煮，煮熟
後就在鼎內取食，所以說"列鼎而食"。鐘鳴鼎食是貴
族奢侈生活的一個方面。王勃《滕王閣序》說："閭閻
撲地，鐘鳴鼎食之家。"

古人用匕從鼎內把肉取出來後，放在俎上用刀割
着吃。所以古書上常以刀匕並舉，刀俎並舉。匕是長
柄湯匙。俎是一塊長方形的小板，兩端有足支撐着，
一般是木製的，銅俎很少。

上古煮飯用鬲，蒸飯用甗。鬲似鼎，有三隻空心
的短足，下面舉火炊煮。甗分為上下兩層。下層似
鬲，裏面盛水，燒火煮水使蒸氣上升到上層。上層似
甑（底部有孔的蒸器），裏面放米穀之類。上下兩層之間有
個帶着許多孔的橫隔（箅子），既便於透過蒸氣，又免得
米穀漏到下層。

古書上常見釜甑並舉。《孟子·滕文公上》："許子以釜甑爨（爨，炊煮食物），以鐵耕乎？"《史記·項羽本紀》："項羽乃悉引兵渡河，皆沉船，破釜甑。"釜甑是配合起來用的。釜似鍋，它的用途相當於甗的下層；甑似盆，底部有細孔，放在釜上，相當於甗的上層。釜甑之間也有箅子。

古人盛飯盛菜不用盌（盌同碗）。《說文》雖有盌字，那是"小盂"（水器）。傳世古器自銘為盌的，實際上是一個小盂旁邊加上一個柄，那是用來舀水的。（但是這並不等於說上古沒有和現代碗形大致類似的器物，不過它們的名稱用途和現代所謂的碗不同。）上古盛飯用簋，一般圓腹圈足（足在腹底，成圈狀），兩旁有耳，是青銅或陶製的，也有木製或竹製的。又有一種簠，長方形，用途和簋相同。上古的盛食器還有豆，像今天的高腳盤，有的有蓋。豆本來是盛黍稷的，後來逐漸變為盛肉醬、盛肉羹了。古代木豆叫作豆，竹豆叫作籩，瓦豆叫作登或鐙。《詩經·大雅·生民》："于豆于登。"銅豆還有別的名稱，這裏沒有必要細說。

筷子古代叫箸，但是先秦時代，吃飯一般不用筷子。《禮記·曲禮上》："毋搏（粵 tyun⁴ tuán）飯。"意思是不要用手把飯弄成一團來吃,可見當時是用手送飯入口的。但是在一定情況下則用筷子。《禮記‧曲禮上》:"羹之有菜者用梜",孔疏:"以其菜交橫,非梜不可。"梜就是一種筷子。大約到漢代才普遍用筷子。《漢書‧張良傳》說:"請借前箸以籌之。"

上古的盛酒器有尊、觥、罍、壺等。《詩經‧周南‧卷耳》:"我姑酌彼金罍","我姑酌彼兕觥",那是盛酒器。觥,同時又是飲酒器,所以《詩經‧豳風‧七月》說:"稱彼兕觥,萬壽無疆。"罍壺除了盛酒外,還用來盛水。古人用斗勺來舀酒、舀水。舀叫作挹,舀後倒到飲器中叫作注。所以《詩經‧小雅‧大東》說:"不可以挹酒漿。"《詩經‧大雅‧泂酌》說:"挹彼注茲。"

爵是古代飲酒器的通稱。但是作為專名,爵是用來溫酒的,它有三隻腳,下面可以舉火。上古常用的飲酒器是觚和觶,觶比較輕小,所以古人說"揚觶"。戰國以後出現了一種橢圓形的杯(桮),兩側有弧形的耳,後人稱為耳杯,又叫羽觴。(《漢書‧外戚傳》顏師古注引孟康曰:"羽觴,爵也,作生爵形,有頭尾羽翼。"此外還有別的說法,這裏不列舉。)杯可以用來飲酒,也可以盛羹。《史記‧項羽本紀》說:"必欲烹而翁,幸分我一杯羹。"

杯的質料有玉、銀、銅、漆等，漢代很流行。

古書上常見槃(盤)匜並舉，二者是配合起來用的盥洗器。匜像一隻瓢，有把，有足，有蓋。《左傳·僖公二十三年》記載懷嬴為晉公子重耳"奉匜沃盥"，可見匜是用來澆水洗手的。古代祭祀燕饗有沃盥的禮節，用匜澆水洗手時，下面用槃接住水，所以《說文》說槃是"承槃"。上古槃又用於飲食，《左傳·僖公二十三年》提到"乃饋盤飧(🔊 syun¹ sūn)"，《史記·滑稽列傳》提到"杯盤狼藉"（依桂馥說），但還不是現代所謂的盤子。現代的盤子是瓷器發達以後才出現的。

以上所說的飲食用具，大多數是貴族所享用的，平民則用陶製的鬲盆盂罐等器而已。